O mercado de trabalho na área de Desenvolvimento de Software sempre está em busca por profissionais habilidosos em Java, uma das linguagens mais influentes e utilizadas na indústria.

Desde a sua criação, esta linguagem tem sido uma escolha preferida por empresas e desenvolvedores, devido à sua portabilidade, robustez e ampla aplicabilidade em diversos domínios, desde aplicações web e mobile até sistemas embarcados e Internet das Coisas (IoT).

Saber Java pode ser a chave para abrir portas em um mercado de trabalho diversificado e repleto de desafios.

Eu e o Daniel Abella trabalhamos juntos em diversos projetos internacionais de Software, bem como na área acadêmica, na condição de professor do Ensino Superior.

Então prepare-se, pois estou seguro que, ao longo das próximas páginas, você descobrirá os conceitos fundamentais da linguagem Java em uma jornada de aprendizagem pode ser desafiadora, mas também é incrivelmente gratificante.

Boa leitura e sucesso em sua jornada pela programação em Java!

Ruan Pierre de Oliveira

Doutor em Ciências da Computação pela UFCG

Chefe da Unidade de Sistemas de Informação e Inteligência de Dados do HUAC

Professor do Curso de Sistemas de Informação na UniFacisa

AGRADECIMENTOS

Esta minha primeira obra na área de Desenvolvimento de Software dedico a algumas pessoas que são de extrema importância para minha vida pessoal e profissional.

Meus filhos **Arthur Abella e Lucas Abella** que por terem me tornado pai e me ensinarem a ser uma pessoa melhor todos os dias;

Minha esposa **Nathaly Abella**, que torna todos os meus dias especiais e por todo o apoio na construção deste livro;

Minha família **Eurípedes Sebastião, Felipe Abella e Elisa Abella** que sempre me deu muito carinho e atenção;

A **Carolina Gadelha, Dr. Dalton Gadelha, Dra. Gisele Gadelha e Fernanda Matos** por todo apoio e minha formação como Professor;

A **Sérgio Augusto** por todo apoio em minha formação como Gerente de Projetos;

A **Hamurábi Medeiros** por todos ensinamentos na área acadêmica;

A **Harlley Araújo, Joselita Araújo e Cícero Tavares** por toda amizade e parceria;

Aos meus amigos **Paulo de Tarso, Gustavo Pires, Marcos Nóbrega, Márcio Ferreira, Jeremias Araújo, Leonardo Melo, Igor Ferreira, Fabrício Dias, Rodrigo Fujioka, Max Davis e Éder Ferreira** por todo apoio e minha formação como Professor;

A **Ana Zara e Wesley Cavalcanti** por toda parceria e amizade durante anos;

A meus **alunos do curso de Sistemas de Informação da UniFacisa**, que possuem extrema importância em minha vida;

A **Deus**, por ter me acompanhado durante todos estes anos e ter colocado uma infinidade de pessoas excepcionais ao meu lado.

Sumário

Introdução

Seja bem-vindo ao mundo Java! Esta linguagem, acompanhada de outras, estão entre as mais requisitadas pelo mercado de trabalho. E, nossa responsabilidade é tremenda! Com uso deste material temos a missão de apresentar de uma maneira definitiva os conceitos essenciais da linguagem Java.

Sempre que me debruçava em livros nas áreas de Desenvolvimento de *Software* e Gestão de Projetos me questionava em alguns momentos o fato de que, **conceitos relativamente simples eram expostos de maneira extremamente complexa**.

E foi neste sentido que tentamos descomplicar a Linguagem Java por meio deste livro, que não se trata de apenas um livro, mas um conjunto de instrumentos educacionais, com uso de vídeos, guia de referência rápida e mapas mentais com o objetivo de que o aprendizado seja simples e objetivo.

Como usufruir este livro da melhor maneira?

Leia o livro atentamente na ordem sugerida para ter o melhor aproveitamento, não esquecendo nenhum vídeo, mapa mental e seguindo as dicas. Isso é essencial para obtenção dos resultados esperados neste livro.

Todos os materiais e códigos relacionados neste livro estão agrupados no seguinte endereço: www.daniel-abella.com/livros/java.

Para receber as novidades sobre este e os próximos livros, pedimos que se cadastre no link da página anterior. Qualquer crítica, sugestão ou dúvidas podem me encontrar nas redes sociais ou por meio do e-mail daniel@daniel-abella.com. Que tenham uma leitura agradável!

Se os detalhes supracitados forem atendidos, creio que teremos uma excelente jornada!

Atenciosamente,

Daniel Abella Cavalcante Mendonça de Souza

MSc, PMP, PMI-ACP, SCEA, SCWCD, SCMAD

Capítulo 1

> Recomendações Para Este Capítulo
> Para melhor aproveitamento deste capítulo, siga o seu **plano de estudos**, **mantenha--se hidratado** e tenha em mãos o **guia de referência rápida** referente ao capítulo (arquivo **JAVA01✛**).

1. Introdução

É hora de apertar os cintos, pois estamos próximos de criarmos os nossos primeiros códigos usando a Linguagem Java. Entretanto, um primeiro passo é a definição da IDE (*Integrated Development Environment*), que é a ferramenta que usamos para a codificação.

Para os primeiros capítulos, vamos usar uma IDE simples e online, essencial para o primeiro contato com a linguagem. Uma vez tenhamos os conceitos iniciais da linguagem, uma IDE profissional será introduzida.

Neste momento usaremos a IDE chamada **Programiz**, disponível no endereço https://www.programiz.com/java-programming/online-compiler/. Em caso desta primeira IDE estiver indisponível, alternativamente sugerimos a https://www.online-java.com/.

A ferramenta Programiz é apresentada a seguir e o seu funcionamento é bastante simples. Todo o código fonte na linguagem Java deve constar na área destacada pela seta 5. Para executar este código, basta clicar em um dos dois botões indicados nas setas 3 e 4.

Quando clicado, a aba Output (destacada pela seta 2) será habilitada e o resultado da execução será apresentado. Se for necessário retornar ao código fonte, basta fazer um clique na aba destacada pela seta 1.

1.1 Primeiro Programa (Famoso "Olá, Mundo")

Agora é a hora de criar o seu primeiro código usando Java, apresentado a seguir. Em Java, **tudo são classes**. Neste exemplo, o nome da classe é Teste (destacado em verde), enquanto o nome deste arquivo será Teste.java, pois **o nome do arquivo deve ser igual ao nome da classe**.

OPCIONAL   OBRIGATÓRIO   NOME DO ARQUIVO (CLASSE)

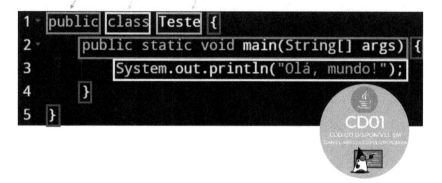

```
1   public class Teste {
2       public static void main(String[] args) {
3           System.out.println("Olá, mundo!");
4       }
5   }
```

Experimente executar o seu primeiro código! Voilà!

Para garantir a compreensão do nosso primeiro código em Java, relacionamos a seguir os principais pontos detalhados no vídeo.

(a) O arquivo pode, opcionalmente, iniciar com public;

(b) Após public (opcional), temos obrigatoriamente a palavra-chave class;

(c) A seguir, temos o nome da classe (iniciando com Maiúsculo);

(d) A classe é delimitada por chaves (em roxo, nas linhas 1 e 5);

(e) Dentro da classe, podemos ter diversos métodos e variáveis;

(f) Podemos ter um método principal (chamado main), que é chamado sempre que a classe é executada;

(g) O método também é delimitado por chaves (em roxo, nas linhas 2 e 4);

(h) Dentro do método main, na linha 3, temos a intrução que prime na tela.

1.2 Simplificando as Coisas com Java 21

Como vimos na seção anterior, o método *main* nos parece um tanto longo. Entretanto, com o tempo vocês serão íntimos. E, como veremos ao usarmos IDEs profissionais, este método pode ser gerado por meio de um atalho.

Com lançamento em 19 de Setembro de 2023, o Java 21 tratou de simplificar as coisas, criando uma versão reduzida do *main*, apresentado a seguir. Entretanto, a versão anterior (a "grandona") segue também disponível.

```java
public class HelloWorld {
    void main() {
        System.out.println("Hello, World!");
    }
}
```

1.3 Linguagens Compiladas, Interpretadas e Híbridas

Agora que, apresentamos um pouco da prática da linguagem, vamos explicar o por que de códigos com a linguagem Java serem chamados de WORA (*Write Once, Run Anywhere* – Escreva uma vez, execute sempre, em tradução literal).

Em linguagens compiladas como C, para enviar o software ao cliente, necessitamos de um compilador, que traduz o código fonte em um executável. Se a compilação ocorrer no Windows, por exemplo, o executável será de extensão .exe. Caso necessite de um executável para Linux, preciso compilar o mesmo código novamente, porém agora, objetivando o referido sistema operacional. Este executável, é composto por código de máquina (os famosos "zeros e uns"), conforme apresentado na imagem a seguir.

Em linguagens interpretadas, o código fonte é executado por um interpretador, onde a interpretação e a execução do programa acontecem em tempo real e independente do sistema operacional utilizado.

Na linguagem Java, temos a combinação dos 2 (compilação e interpretação), conforme apresentado na imagem a seguir. Imagine que, temos um código Java (arquivo Teste.java). Para executar este código, é necessário realizar uma compilação, que gera um código intermediário chamado de *bytecode*. Neste exemplo, quando o arquivo Teste.java é complicado, temos a geração de um arquivo Teste.class, que é o nosso bytecode (código intermediário). E, para executar os bytecodes, temos, para cada sistema operacional, interpretadores, intitulados *Java Virtual Machine* (JVM – Maquina Virtual Java).

Por isso Java é WORA, pois um código produzido por esta linguagem, pode ser executado em qualquer sistema operacional que tenha JVM instalado. **Java é WORA, é da hora!**

CÓDIGO FONTE ▸ COMPILADOR

```
public class HelloWorld {

    public static void main(String args[]) {
        System.out.print("Hello World!");
    }

}
```

```
iload_1
ifle 16
iload_1
aload_0
iload_1
iconst_1
isub
```

FONTE EM JAVA
Código que exibe "Hello World" usando Java. Aqui temos o arquivo HelloWorld.java

BYTECODE
São gerados os bytecodes com base na classe. Neste momento, o arquivo HelloWorld.class é Gerado.

INTERPRETADOR ▸ RESULTADO

INTERPRETADOR
Executa o HelloWorld.clss (bytecodes) para apresentar o resultado.

"Hello World"
é apresentado para o usuário final

Em resumo, o desenvolvedor compilará os seus arquivos .java para bytecode .class.

Estes bytecodes são remetidos ao usuário final, que o executa com base em um programa chamado Java Runtime Environment (conhecido pelo seu acrônimo JRE), que é formado pela JVM e bibliotecas. Em resumo, **JRE reúne tudo necessário para executar uma aplicação Java**.

Complementarmente, para desenvolver aplicações em Java, precisamos do *Java Development Kit* (JDK – Kit de Desenvolvimento Java, em tradução literal), que reúne o compilador (que traduz as classes e demais itens Java em bytecode) e o interpretador (que executa o bytecode).

Para instalar o JDK, siga os passos descritos no site https://techexpert.tips/pt-br/windows-pt-br/instalar-java-jdk-no--windows/ . Por outro lado, para instalar o JRE, siga os passos em https://techexpert.tips/pt-br/windows-pt-br/instalar-java-jre--no-windows/ .

Podemos concluir que, na máquina do desenvolvedor instalamos o JDK (que inclui o JRE) e, na máquina do cliente, instalamos apenas o JRE.

Não é necessário memorizar todos estes termos, eles serão incorporados com tempo e, sempre que necessário, a guia de referência rápida **JAVA01** �֎ reúne todos os acrônimos e uma breve descrição. Como diria Bobby McFerrin, *Don't Worry, Be Happy!*

Variáveis e Controle de Fluxo

Capítulo 2

1. Variáveis

Variáveis são nomes que atribuímos para um "pedacinho" da memória do computador. Podemos pensar em uma caixa, que por sua vez, pode armazenar números, textos, arquivos, entre outros. Na imagem abaixo, temos a analogia de 3 variáveis.

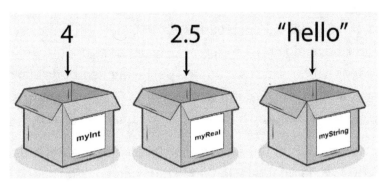

Fonte: Adaptado de https://studeappsblog.medium.com/what-is-a-variable--dd7e539bf388

A primeira variável se chama myInt, que possui (isto é, está dentro da caixa) o valor 4. Na sequência, temos as variáveis myReal e myString, que possuem respectivamente os valores de 2.5 (que é um número real, não inteiro) e um texto (isto é, uma *String*).

No código a seguir, temos exemplos dos principais tipos de variáveis em Java. Note que, diferente do Python, precisamos definir o tipo da variável.

```
1   class Teste {
2       public static void main(String[] args) {
3           int myInt = 4;
4           double myReal = 2.5;
5           String myString = "hello";
6           char myLetter = 'D';
7           boolean myBool = true;
8       }
9   }
```

O tipo int, como esperado, abriga elementos inteiros, enquanto que double armazena números reais (isto é, fracionados, como 1.1, 1.0, 2.5, entre outros). String, como em Python, abriga textos, devendo obrigatoriamente usar aspas duplas. Em Java, as aspas simples são usadas para definir elementos de tipo char, que guardam apenas caracteres como 'D', '1', '!', entre outros. Por fim, boolean abriga apenas dois possíveis valores: true ou false.

Para mais detalhes, verifique o Guia de Referência Rápida **JAVA03 �**, na qual relacionamos todos os tipos de dados (não apenas os principais), bem como exemplo de valores.

Entendendo os Tipos de Variáveis

No vídeo **JAVA04** apresentaremos todos os tipos de variáveis usando a analogia de copos descartáveis, bem como explicaremos o processo de casting em Java.
Guia de Referência em Mãos e Não perca!

2. Escopo de Variáveis

Em espanhol, a palavra escopo é traduzida como *alcance*, que representa muito bem o seu real significado: até aonde vai. Em termos de variáveis, escopo das variáveis significa até quando ela vive, qual o seu tempo de vida.

Como convenção da linguagem Java, uma variável sempre deve iniciar com letra minúscula, devendo estar em maiúscula a primeira letra de cada palavra subsequente, não devendo ter espaços em branco, como por exemplo a variável nomeCompleto.

Existem basicamente 3 tipos de escopos de variáveis: instância, classe e local, na qual temos uma seção destinada aos detalhes de cada um dos tipos.

2.1 Variáveis Locais

As variáveis locais são declaradas **dentro de métodos, construtores ou blocos e são apenas visíveis dentro dos locais aonde foram declaradas**. Ou seja, se uma variável nomeCompleto for criada dentro de um método *main*, esta <u>apenas estará "viva" durante a execução do método</u>.

A maneira com que uma variável local é declarada, é apresentada a seguir. Podemos criar uma variável com valores já iniciados, bem como podemos declarar uma variável sem valor inicial, mas devendo ter que ser inicializada antes do seu uso, caso contrário, teremos um erro de compilação. Em resumo, ou **inicialize com um valor na hora de declarar ou inicialize antes de usar**.

VARIÁVEIS LOCAIS

Tipo da Variável

Deve ser definido um tipo para a variável, podendo ser primitivo ou classe. Exemplos de tipos primitivos: byte, short, int, long, float, double e boolean. De classe: String, Conta, etc.

```
int var ;
```

Nome da Variável

Deve iniciar com letra minúscula, devendo ter estar em maiúscula a primeira letra de cada palavra subsequente, não devendo ter espaços em branco. Exemplo: nomeCompleto.

Fim da Instrução com ; (Semicolon)

Usada sempre para separar instruções em Java. Sempre que terminar, "mete" um ponto e vírgula! Senão não compila!

int var = 10 ;

Exemplos de Declarações de Variáveis Locais

```
int idade = 18;
double salario = 1000.50;
possuiNomeSerasa = true;
String nomeCompleto = "Daniel Abella";
```

Com ajuda do nosso *cartoon*, a seguir temos 3 exemplos. O primeiro exemplo, temos a declaração da uma variável já com a sua inicialização, sem maiores problemas. Entretanto, o segundo exemplo, tentamos imprimir o valor da variável sem tê-la inicializado antes, culminando em um erro. Por fim, o terceiro exemplo, similar ao primeiro, diferenciando-se pelo fato que, inicializamos a variável antes do seu uso.

```
1   class Teste {
2       public static void main(String[] args) {
3           String nomeCompleto = "Daniel Abella";
4           System.out.println(nomeCompleto);
5       }
6   }
```

```
1  class Teste {
2      public static void main(String[] args) {
3          String nomeCompleto;
4          System.out.println(nomeCompleto);
5      }
6  }
```

```
1  class Teste {
2      public static void main(String[] args) {
3          String nomeCompleto;
4          nomeCompleto = "Daniel Abella";
5          System.out.println(nomeCompleto);
6      }
7  }
```

2.2 Variáveis de Instância

Enquanto as variáveis locais estão dentro de métodos/ construtores/blocos, **as variáveis de instância estão fora dos métodos, mas dentro da classe**.

Na imagem a seguir explicamos como se dá o funcionamento de uma variável de instância. Como primeira e grande mudança, este tipo de variável **tem um dos 4 modificadores de acesso**. Note que, quando não informamos explicitamente um modificador de acesso, este é o *default*. Ah, então todas as variáveis locais são *default*? Não, **variáveis locais não tem modificador de acesso,** pois seu tempo de vida é curto, geralmente dentro de um método.

VARIÁVEIS DE INSTÂNCIA

Modificadores de Acesso

São palavras-chave que determinam a visibilidade e acessibilidade de classes, métodos e variáveis em um programa, sendo elas: public (var1), protected (var2), private (var4) e o padrão, quando não especificamos nenhum dos 3, também conhecido por default ou friendly-package, que é o caso da var3.

```
public int var1 = 10 ;
protected int var2 = 10 ;
         int var3 = 10 ;
private int var4 = 10 ;
```

Exemplos de Declarações de Variáveis Locais

```
public int idade;
public int idadeNova = 38;
protected double saldo;
protected double saldoNovo = 10000.50;
int numeroAgencia;
int numeroNovaAgencia = 1521;
private int numeroConta;
private int numeroNovaConta = 12345;
```

Observação

Diferente das variáveis locais, as variáveis de instância, quando não explicitamente inicializadas, recebem o valor padrão. Isto é, para variáveis inteiros (como int, long), o valor padrão é 0, enquanto que para variáveis reais (como float ou double), o valor padrão será 0.0. Para boolean, false. E, para objetos, como String, null.

Nas variáveis locais, sempre tínhamos a necessidade de inicializar a variável antes de usá-la. Em variáveis de classe, caso não seja inicializada, recebe o valor padrão. Para inteiros, valor padrão é 0, números reais é 0.0, boolean é false e objetos (como String) é null.

No exemplo a seguir apresentamos variáveis de instância. Entre as linhas 3 e 6 temos 4 variáveis (estão fora dos métodos e dentro da classe) que possuem o modificador de acesso *default*.

```
1  class Conta {
2
3      int numeroConta;
4      int numeroAgencia;
5      String titular;
6      double saldo;
7
8      public static void main(String[] args) {
9
10         Conta novaConta = new Conta();
11         novaConta.numeroConta = 1;
12         novaConta.titular = "Abella";
13
14         System.out.println(novaConta.saldo);
15         System.out.println(novaConta.titular);
16         System.out.println(novaConta.numeroConta);
17     }
18 }
```

Para conseguir usar variáveis de classe, precisamos instanciar a classe Conta. **É o quê, homi?**

Mais à frente vamos detalhar, mas vou fazer um resumo do resumo. **Classe é como se fosse a forma de um bolo, enquanto que, objeto é o bolo, criado a partir da forma (Classe).** Para fazer um bolo (objeto), a instrução é assim: **FormaBolo variável = new FormaBolo();** Note que, fizemos isto adequadamente na linha 10.

A variável novaConta (da linha 10) é o nosso bolo. **Se eu quiser acessar alguma variável de instância, precisamos de uma instância.** Fizemos este procedimento nas linhas 11 e 12. **Se eu quiser imprimir o valor de uma variável, precisaremos novamente de uma instância**, como fizemos nas linhas 15 e 16.

O que vai ser apresentado na linha 14? Lembra que as variáveis de instância recebem o valor padrão? Aqui será apresentado 0.0.

2.3 Mais sobre Variáveis de Instância

Antes de explicar variáveis de classe, propriamente dito, vamos analisar o código a seguir, que possui 4 variáveis de instância. Qual a saída deste código?

```
1  class Conta {
2
3      int numeroConta;
4      int numeroAgencia;
5      String titular;
6      double saldo;
7
8      public static void main(String[] args) {
9
10         Conta novaConta1 = new Conta();
11         novaConta1.numeroConta = 1;
12
13         Conta novaConta2 = new Conta();
14
15         System.out.println(novaConta1.numeroConta);
16         System.out.println(novaConta2.numeroConta);
17     }
18 }
```

A saída é "1 0". Isto se deve ao fato que, temos 2 instâncias no código, uma criada na linha 10 (novaConta1) e outra na linha 13 (novaConta2). Na linha 11, estamos preenchendo a variável numeroConta com 1 da instância novaConta1 e não da instância novaConta2. Por isso, a linha 15 imprime "1". Complementarmente, a linha 16 imprime "0" devido ao fato que, a variável numeroConta da instância novaConta2 recebe o valor padrão 0.

2.3 Variáveis de Classe (Também conhecidas por Variáveis Static)

Variáveis de classe (também chamadas como estáticas ou _static_) pertencem à classe em vez de pertencerem a cada instância. No código da seção anterior, tivemos como objetivo explicar que as 4 variáveis pertenciam à instância e não a classe.

Agora vamos tocar o terror! O código abaixo é igual ao da seção anterior, excetuando-se a palavra-chave **static**. O resultado agora é "11"!

```
1   class Conta {
2
3       static int numeroConta;
4       int numeroAgencia;
5       String titular;
6       double saldo;
7
8       public static void main(String[] args) {
9
10          Conta novaConta1 = new Conta();
11          novaConta1.numeroConta = 1;
12
13          Conta novaConta2 = new Conta();
14
15          System.out.println(novaConta1.numeroConta);
16          System.out.println(novaConta2.numeroConta);
17      }
18  }
```

CD03

CÓDIGO DISPONÍVEL EM
DANIEL-ABELLA.COM/LIVROSJAVA

Mas, por quê? **Usando static, diz que a variável agora não é mais da instância, mas da classe.** Em resumo, uma variável static, todo mundo vai ver o mesmo valor.

A variável *static* numeroConta (linha 3) é inicializada com 0 (valor padrão de int). Na linha 11, alteramos este valor de 0 para 1.Esta alteração não é feita apenas para a variável novaConta1, mas também para novaConta2 e para a própria classe. Por isso, as linhas 15 e 16 imprimem o mesmo valor.

Podemos pensar neste tipo de variável como variáveis globais da classe, que podem ser acessadas diretamente pelo nome da classe, sem a necessidade de criar uma instância/objeto. Como assim? Podemos acessar uma variável de classe sem precisar de uma instância? Sim, veja o exemplo abaixo.

```
1   class Conta {
2
3       static int numeroConta;
4       int numeroAgencia;
5       String titular;
6       double saldo;
7
8       public static void main(String[] args) {
9
10          Conta novaConta1 = new Conta();
11          Conta.numeroConta = 1;
12
13          System.out.println(Conta.numeroConta);
14          System.out.println(novaConta1.numeroConta);
15      }
16  }
```

Destacado nas linhas 10 e 14, temos a maneira que aprendemos. Entretanto, indicado nas linhas 11 e 13, temos o uso direto da variável de classe, sem precisar de uma instância. Na linha 11, atribuímos o valor 1 à variável static numeroConta. Isto só é possível porque a variável numeroConta é static.

Certas situações são propícias para o uso de variáveis estáticas em Java. Alguns exemplos de variáveis que geralmente são elegíveis para serem declaradas como **static**. Abaixo temos alguns exemplos:

public static final double PI = 3.14159;
private static int contador = 0;

A decisão de usar ou não uma variável static envolve considerar se o dado precisa ser compartilhado por todas as instâncias (é static) ou se precisa ser exclusiva para cada objeto (não deve).

Agora que sabemos como funciona o *static*, formalizamos todos os conceitos na imagem a seguir.

VARIÁVEIS DE CLASSE (STATIC)

Modificadores de Acesso

São palavras-chave que determinam a visibilidade e acessibilidade de classes, métodos e variáveis em um programa, sendo elas: public (var1), protected (var2), private (var4) e o padrão, quando não especificamos nenhum dos 3, também conhecido por default ou friendly-package, que é o caso da var3.

public **static** int **var1** = **10**;

protected **static** int **var2** = **10**;

static int **var3** = **10**;

private **static** int **var4** = **10**;

Exemplos de Declarações de Variáveis Locais

public static int idade;
public static int idadeNova = 38;
protected static double saldo;
protected static double saldoNovo = 10000.50;
static int numeroAgencia;
static int numeroNovaAgencia = 1521;
private static int numeroConta;
private static int numeroNovaConta = 12345;

Observação

Diferente das variáveis locais, as variáveis de instância, quando não explicitamente inicializadas, recebem o valor padrão. Isto é, para variáveis inteiros (como int, long), o valor padrão é 0, enquanto que para variáveis reais (como float ou double), o valor padrão será 0.0. Para boolean, false. E, para objetos, como String, null.

2.4 Resumo dos Tipos de Variáveis

Na tabela a seguir, temos um resumo das variáveis, indicando o seu escopo e o tempo de vida.

Tempo de Vida	Tipo de Variável	Escopo
Até que o objeto está disponível na memória	Variável de Instância	Pode ser acessada em toda a classe, exceto em métodos static
Até o fim do programa	Varável de Classe (Static)	Na classe inteira
Até que a execução de onde foi declarado termine	Variável Local	Dentro de onde foi declarado (método, etc.)

2.5 Inferência de Tipos usando Var (Java 10)

Uma das maiores melhorias apresentada no Java 10 foi a inferência de tipos de <u>variáveis locais</u>. Bem simples, como podemos ver no exemplo a seguir. Na linha 3, ao invés de informar o tipo, colocamos var, de modo que o compilador faz a inferência baseado no valor atribuído.

```
1   class Teste {
2       public static void main(String[] args) {
3           var nome = "Daniel Abella";
4           System.out.println(nome.getClass());
5       }
6   }
```

```
Output
java -cp /tmp/3ieNQKYFQe HelloWorld
class java.lang.String
```

Apenas chamo atenção que, **este recurso está disponível apenas em variáveis locais** e nas versões do Java igual ou superior a 10. Ficou parecido demais com Javascript, né?

2.6 Casting (Narrowing e Widening)

A conversão de tipo é quando você atribui um valor de um tipo de dados primitivo a outro tipo, excetuando-se o *boolean*.

Como de costume, vamos iniciar com um exemplo. No primeiro exemplo, na linha 5, a variável meuInt (que é int) recebe um valor double proveniente da variável pi. Agora imaginemos a situação, estamos tentando forçar a uma variável que só "aguenta" inteiro (meuInt) a armazenar um valor real (3.14). Então, a operação de atribuição da linha 5 resultará em um erro.

```
1  class Teste {
2      public static void main(String[] args) {
3
4          double pi = 3.14;
5          int meuInt = pi;
6          System.out.println(meuInt);
7      }
8  }
```

```
1  class Teste {
2      public static void main(String[] args) {
3
4          double pi = 3.14;
5          int meuInt = (int) pi;
6          System.out.println(meuInt);
7      }
8  }
```

Agora, no segundo código, apenas adicionamos a instrução destacada na seta 1, que converte a variável pi (destacada na seta 2) para int. Ou seja, **(int) é o cast que converte algo para inteiro**, fazendo com que a variável meuInt receba 3 (parte inteira do 3.14).

No exemplo a seguir, note que, como a variável agora é short (e não int como antes), o cast será (short). Este **tipo de conversão chamamos de Narrowing Casting, pois converte um tipo maior em um tipo menor**.

```
1  class Teste {
2      public static void main(String[] args) {
3
4          double pi = 3.14;
5          short meuInt = (short) pi;
6          System.out.println(meuInt);
7      }
```

Para encerrar o assunto, ainda existe um outro tipo de conversão, chamada de **Widening Casting, que converte de forma automática, sem usar cast, um tipo menor em um tipo maior**. No exemplo abaixo, temos 2 exemplos de conversão automática. No código destacado pelo primeiro quadrado, um double recebe um valor de um int, sem necessidade de cast, enquanto que, no código destacado pelo segundo quadrado, uma variável int recebe o valor de uma variável short, também sem cast.

```
1  class Teste {
2      public static void main(String[] args) {
3
4          //exemplo 1
5          int myAgeInt = 37;
6          double myAgeDouble = myAgeInt;
7
8          //exemplo 2
9          short myShort = 100;
10         int myInt = myShort;
11     }
12 }
```

Agora, refaça os exemplos e faça alterações como forma de garantir o entendimento.

2.7 Lendo do Teclado usando Scanner

Em Python, para ler algo do teclado era imensamente fácil usando o método input. Em Java, **precisamos usar a classe Scan-**

ner. Para isso, precisamos importar esta classe, como fizemos na linha 1 do código abaixo. Este processo de importação será detalhado em capítulos mais a frente, mas é preciso saber que, o import (linha 1) devem anteceder a definição da classe (linha 3).

```java
1   import java.util.Scanner;
2
3   class Teste {
4       public static void main(String[] args) {
5
6           Scanner scanner = new Scanner(System.in);
7
8           System.out.print("Digite o seu nome: ");
9           String nome = scanner.next();
10          System.out.println("O nome lido foi " + nome);
11
12          System.out.println();
13          System.out.print("Digite a sua idade: ");
14          int minhaIdade = scanner.nextInt();
15          System.out.println("A idade lida foi " + minhaIdade);
16      }
17  }
```

Esse Scanner é muito fácil!

Para usar o Scanner, precisamos instanciar, como fizemos na linha 6. Depois, para ler do teclado, chamamos o método next na variável criada na linha 6, que devolve uma String, como fizemos na linha 9. Complementarmente, na linha 14, usamos o método nextInt, também proveniente da variável criada na linha 6, que dessa vez, devolve um int. A seguir, apresentamos os métodos mais usados da classe Scanner, incluindo os 2 supracitados.

MÉTODO	DESCRIÇÃO
nextInt()	Lê um inteiro do usuário
nextFloat()	Lê um float do usuário
nextBoolean()	Lê um boolean do usuário
nextline()	Lê uma linha de texto do usuário
next()	Lê uma palavra do usuário
nextDouble()	Lê um double do usuár

2.8 Operadores Básicos

No código a seguir, entre as linhas 7 e 11, apresentamos o uso dos operadores básicos da linguagem Java, sendo eles: soma (linha 7), subtração (linha 8), divisão (linha 9), multiplicação (linha 10) e resto da divisão (linha 11).

```
1   class Teste {
2       public static void main(String[] args) {
3
4           int operando1 = 8;
5           int operando2 = 12;
6
7           var soma = operando1 + operando2;
8           var subtracao = operando1 - operando2;
9           var divisao = operando1 / operando2;
10          var multiplicacao = operando1 * operando2;
11          var modulo = operando1 % operando2;
12
13          System.out.println("A soma deu " + soma + " reais");
14      }
15  }
```

Importante observar que, o operador +, além da soma, é usado para concatenar elementos.

Em mais um código, apresentado a seguir mais outros operadores, iniciando à esquerda pelo operador de pós-incremento e pós-decremento. Note que, se eu quiser aumentar o número em 1, ao invés de fazer a expressão da linha 7, basta usarmos o ++ da linha 8. Na mesma linha, o - - atua diminuindo em 1, como apresentado na linha 11.

```java
1  class Teste {
2      public static void main(String[] args) {
3
4          int operando1 = 8;
5          int operando2 = 12;
6
7          operando1 = operando + 1;
8          operando1++;
9
10         operando1 = operando - 1;
11         operando1--;
12     }
13 }
```

```java
class Teste {
    public static void main(String[] args) {

        int operando1 = 8;
        int operando2 = 12;

        operando1 = operando + 3;
        operando1 += 3;

        operando1 = operando - 3;
        operando1 -= 3;

        operando1 = operando * 3;
        operando1 *= 3;

        operando1 = operando / 3;
        operando1 /= 3;
    }
}
```

Se você não quer aumentar/diminuir em 1, mas em outro valor, temos o operadores +=, -=, *=, /= e %=.

2.9 Operadores Condicionais com IF

Não vou "custar" muito nesta seção, porque o funcionamento do IF em Java é igual a de outras linguagens, como Python. A seguir exemplos com IF, IF com Else e IF com Else If e Else. O Else If é o nosso conhecido Elif do Python.

Olha, eu que fiz

```
1   class ExemplosIf {
2       public static void main(String[] args) {
3
4           int idade = 18;
5   Se a condição verdadeira
6           if (idade >= 18) {
7               System.out.println("Maior de idade");
8           }
9
10          System.out.println("Codigo executado independente do IF");
11      }
```

```
1   class ExemplosIf {
2       public static void main(String[] args) {
3
4           int idade = 18;
5   Se a condição verdadeira
6           if (idade >= 18) {
7               System.out.println("Maior de idade");
8   Se a condição falsa
                } else {
9               System.out.println("Menor de idade");
10          }
11
12          System.out.println("Codigo executado independente do IF/Else");
13      }
14  }
```

No exemplo completo a seguir, Flork nos informa que, ao usar condições, o IF é sempre obrigatório. Caso opte por Else if, podemos ter nenhum (0) ou quantos forem necessários (1, 2, 3, etc). Ao fim, se quiser, podemos ter o else (ou seja, tem ou não tem else).

```
1   class ExemplosIf {
2       public static void main(String[] args) {
3
4           int idade = 18;
5
6           if (idade == 18) {
7               System.out.println("Tem exatos 18 anos");
8           } else if(idade < 18) {
9               System.out.println("Menor de idade");
10          } else {
11              System.out.println("Mais de 18");
12          }
13
14          System.out.println("Codigo executado independente do IF/Else");
15      }
16  }
```

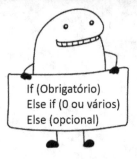

If (Obrigatório)
Else if (0 ou vários)
Else (opcional)

Para encerrar a conversa, apresentamos a seguir exemplos do operador and (que em Java é &&) e do operador or (que em Java é ||). O código relacionado está no **CD05**.

```
1   class ExemplosIf {
2       public static void main(String[] args) {
3
4           int idade = 18;
5           double salario = 15000;
6
7           if (idade >= 18 && salario >= 10000) {
8               System.out.println("Maior de idade rico");
9           } else {
10              System.out.println("Não é rico E de maior");
11          }
12      }
13  }
```

```
1   class ExemplosIf {
2       public static void main(String[] args) {
3
4           int idade = 18;
5           double salario = 15000;
6
7           if (idade >= 18 || salario >= 10000) {
8               System.out.println("Maior de idade ou rico");
9           } else {
10              System.out.println("Pobre ou de menor");
11          }
12      }
13  }
```

2.10 Estruturas de Repetição (While e Do-While)

Agora vamos falar de 2 estruturas de repetição: While e Do-While. **While (cuja tradução é enquanto) é usado para criar loops, fazendo com que bloco de código seja repetido até que uma dada condição seja falsa.**

LOOP WHILE

```
while(condicao) {
    //linhas de código
}
```

LOOP DO-WHILE

```
do {
    //linhas de código
} while(condicao);
```

A condição é uma expressão booleana, que pode ser avaliada como verdadeira (true) ou falsa (false). **Enquanto a condição for verdadeira, o bloco de código dentro do while será executado repetidamente. Assim que a condição se tornar falsa, a execução do loop será interrompida e o programa continuará a partir do próximo trecho de código após o while.**

Por exemplo, se quisermos imprimir os números de 1 a 4 usando um loop while, temos o código a seguir em que a variável i é inicializada com o valor 1. A condição i <= 4 verifica se i é menor ou igual a 4. Enquanto essa condição for verdadeira, o número i será impresso e o valor de i será incrementado em 1 através do operador ++. O loop continuará a ser executado até que i seja 5, momento em que a condição se tornará falsa e o loop será encerrado.

```java
1   class TesteWhile {
2       public static void main(String[] args) {
3           int i = 1;
4
5           while(i <= 4) {
6               System.out.println(i);
7               i++;
8           }
9       }
10  }
```

Tenham cuidado com o loop infinito! Experimente remover a linha 7 do código acima. Nesta situação, teremos o loop infinito, uma vez que, o valor de i nunca sairá de 1, fazendo com que a condição i <= 4 seja sempre (isto é, infinitamente) verdadeira.

Agora vamos a um exemplo mais real. A seguir temos a construção de um menu usando While, que possui as opções 1 e 2, bem como a opção 3 que encerra o sistema. Note que, na linha 5, inicializamos com qualquer valor (exceto 3), para que o menu seja exibido ao menos 1 vez.

```java
1   class TesteWhile {
2       public static void main(String[] args) {
3
4           Scanner scanner = new Scanner(System.in);
5           int opcao = 0;
6
7           while (opcao != 3) {
8               System.out.println("Opções");
9               System.out.println("1. Opção 1");
10              System.out.println("2. Opção 2");
11              System.out.println("3. Sair");
12              System.out.print("Digite a opção desejada: ");
13              opcao = scanner.nextInt();
14
15              System.out.println("A opção lida foi " + opcao);
16          }
17      }
18  }
```

Em Java, temos um irmão do While, o Do-While, que é usado para criar um **loop que executa um bloco de código pelo menos uma vez e, em seguida, continua a repetição enquanto uma determinada condição for verdadeira**. A estrutura básica do do-while em Java é a seguinte:

LOOP WHILE

```
while(condicao) {
    //linhas de código
}
```

LOOP DO-WHILE

```
do {
    //linhas de código
} while(condicao);
```

Ao contrário do while convencional, onde a condição é verificada antes da primeira execução do bloco de código, o do-while executa o bloco de código pelo menos uma vez e, em seguida, verifica a condição. Se a condição for verdadeira, o bloco de código será executado novamente. Se a condição for falsa, a execução do loop será interrompida e o programa continuará a partir do próximo trecho de código após o do-while.

```java
1   class TesteDoWhile {
2       public static void main(String[] args) {
3           int i = 1;
4
5           do {
6               System.out.println(i);
7               i++;
8           } while(i <= 4);
9       }
```

A seguir, o mesmo código que exibe de 1 a 4 com While, mas convertido para Do-While.

Agora, abaixo convertemos o menu de 3 opções (1, 2 e 3 – sair) de While para Do-While. Note que, Do-While tem um excelente match com menus, pois apresenta ao menos 1 vez o menu e, a variável da opção não precisa ser inicializada com nenhum valor (linha 4).

```java
1   class TesteDoWhile {
2       public static void main(String[] args) {
3           Scanner scanner = new Scanner(System.in);
4           int opcao;
5
6           do {
7               System.out.println("Opções");
8               System.out.println("1. Opção 1");
9               System.out.println("2. Opção 2");
10              System.out.println("3. Sair");
11              System.out.print("Digite a opção desejada: ");
12              opcao = scanner.nextInt();
13
```

```
13
14              System.out.println("A opção lida foi " + opcao);
15         } while (opcao != 3);
16    }
17 }
```

2.11 Estruturas de Repetição (For e ForEach)

Agora vamos falar da estrutura de repetição For, na sua forma tradicional, bem como na sua forma aprimorada, chamada como Enhanced For ou For Each. <u>O comando For tradicional permite criar loops para repetir um bloco de código um determinado número de vezes. A estrutura básica do for em Java é a seguinte:</u>

LOOP FOR

```
for(inicialização;condição;iteração) {
    //linhas de código
}
```

A seguir, a explicação de cada uma das 3 seções que compõem o For:

- **Inicialização:** Define a variável de controle e atribui um valor inicial a ela. Comumente declaramos e inicializamos um contador para controlar o loop;

- **Condição:** Expressão que define a condição para continuar ou encerrar o loop. Enquanto essa condição for verdadeira, o bloco de código será repetido. Se a condição for falsa, o loop será encerrado e a execução continua após o for;

- **Iteração:** Local que atualizamos a variável de controle a cada repetição do loop. Geralmente, envolve incrementar ou decrementar o valor da variável de controle; e

- **Linhas de Código:** Código que será executado continuamente durante a execução do For.

Como fizemos no While, vamos apresentar aqui um exemplo que imprime números de 1 a 5 usando For. A variável de controle i, que é local é inicializada com o valor 1. Esta variável é local ao for, ou seja, só existe dentro do for. A condição i <= 5 verifica se i é menor ou igual a 5. Enquanto essa condição for verdadeira, o número i será impresso e o valor de i será incrementado em 1 no final de cada iteração, através do operador i++. O loop continuará a ser executado até que i seja maior do que 5, momento em que a condição se torna falsa e o loop é interrompido.

```
1  class TesteFor {
2      public static void main(String[] args) {
3
4          for(int i = 1; i <= 5; i++) {
5              System.out.println(i);
6          }
7      }
8  }
```

Para ficar claro o funcionamento do for, tome uma água e procure entender a imagem a seguir usando como base o código anterior.

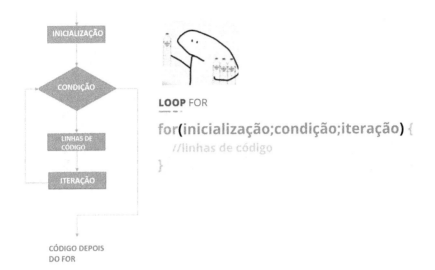

LOOP FOR

```
for(inicialização;condição;iteração) {
    //linhas de código
}
```

CÓDIGO DEPOIS
DO FOR

Agora vamos apresentar o For introduzido no Java 5, o enhanced for, também conhecido como For Each, que é o for simplificado, permitindo iterar de forma fácil sobre os elementos de uma estrutura de dados sem a necessidade de gerenciar um índice separado. A estrutura do For Each é a seguinte:

LOOP ENHANCED FOR

```
for(tipo var; elemento) {
    //linhas de código
}
```

Diferente do que fizemos com o For, aqui vamos introduzir de cara um exemplo, na qual temos um array chamado numeros que contém 5 elementos inteiros. Usando o for each, declaramos uma variável numero do tipo int (que é do mesmo tipo do array, conforme destacado), que representará cada elemento do array numeros a cada iteração. A linha de código 6 simplesmente imprime cada número contido no array.

```
1   public class ExemploForEach {
2       public static void main(String[] args) {
3           int[] numeros = {10, 20, 30, 40, 50};
4
5           for (int numero : numeros) {
6               System.out.println(numero);
7           }
8       }
9   }
```

Agora que, vimos um exemplo, apresentamos as partes envolvidas no seu funcionamento:

- tipo: Tipo de dado dos elementos da coleção que você deseja percorrer (geralmente igual ao tipo do elemento);

- var: Nome da variável temporária que vai receber cada elemento da coleção a cada loop; e

- elemento: Lista ou Array ou Coleção que você deseja percorrer.

Agora que, apresentamos o For e o For Each, você deve estar apaixonado por esta última opção, não é mesmo? Concordo, mas nem sempre ela pode ser aplicada. Imagine um cenário que, precisamos percorrer uma lista e imprimir as posições do elemento na lista, exibindo algo como: "O elemento 1 é XX", "O elemento 2 é XX" e assim sucessivamente. Com o For Each tradicionalmente não seria convencional, mas usando o For, já temos uma variável de controle que podemos usar, conforme o código a seguir.

```java
1  public class ExemploFor {
2      public static void main(String[] args) {
3
4          int[] numeros = {10, 20, 30, 40, 50};
5
6          for (int i = 0; i < numeros.length; i++) {
7              System.out.println("O elemento " + (i+1) + " da
                   lista é " + numeros[i]);
8          }
9      }
10 }
```

CD07

A variável i é usada como o índice do array e é inicializada com 0, diferente dos exemplos anteriores que iniciamos com 1. Tanto faz, você que escolhe, mas a sua escolha, influencia no código restante, como veremos a seguir.

Usamos, na linha 6, o atributo length (em tradução, com-primento), existente em Arrays, que informa a quantidade de elementos, neste caso, 5. Então, considerando a varível i = 0 e a condição i < numeros.length, o i percorrerá de 0 até 4.

Dentro do loop, temos uma curiosidade: Usamos números[i] para acessar o elemento na posição i do array numeros. Entre-tanto, na exibição, usamos (i+1), por que? Devido ao fato que, os arrays iniciam a posição com 0, enquanto que, para nós, seres humanos, o nosso primeiro elemento está na posição 1 e não 0. Desta maneira, para o código ficar cômodo para seres humanos, colocamos +1. Experimente tirar o +1, executar e ver a saída: "O elemento 0 é 10" e assim sucessivamente. Estranho, né?

Discutindo IF, For e While

No vídeo **JAVA06** reapresentaremos os detalhes de IF, For e While. Tenha em mãos o Guia de Referência e Não perca!

Atenção ao Break e Continue

Em Java, temos o break e continue como palavras-chave úteis para controle o fluxo do programa, mais especificamente em estruturas de repetição. O break, com exemplo abaixo, é utilizado para interromper completamente a execução do loop.

```java
for (int i = 0; i < 10; i++) {
    if (i == 5) {
        break; // O loop é interrompido quando i é igual a 5
    }
    System.out.println(i);
}
```

Por outro lado, continue é usado para pular para a próxima iteração sem concluir o restante do código dentro da iteração atual, conforme exemplo a seguir.

```java
for (int i = 0; i < 10; i++) {
    if (i % 2 == 0) {
        continue; // Pula para a próxima iteração se i for par
    }
    System.out.println(i);
}
```

2.12 Deixando o "Sysout"/Scanner de Lado

De maneira simples, podemos criar algumas telinhas até bonitinhas para imprimir algo na tela, bem como ler do teclado. Vejam o exemplo abaixo, onde a primeira telinha é o "nosso print", enquanto que a segunda é o "nosso scanner".

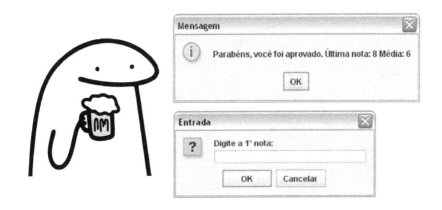

Vamos ao nosso primeiro exemplo? Abaixo, na primeira linha, tivemos que importar a classe JOptionPane. Para ler do teclado, usamos o método showInputDialog da classe JOptionPane. É importante observar que, **o método showInputDialog retorna uma String**.

```java
1  import javax.swing.JOptionPane;
2
3  class HelloWorld {
4      public static void main(String[] args) {
5          String nome = JOptionPane.showInputDialog("Digite o seu nome");
6          JOptionPane.showMessageDialog(null,"O seu nome eh " + nome);
7      }
8  }
```

Para imprimir na tela, na linha 6, usamos o método show-MessageDialog, também de JOptionPane. Neste método, temos que passar 2, um é o componente pai (geralmente colocamos null, pois não tem) e o texto que queremos apresentar.

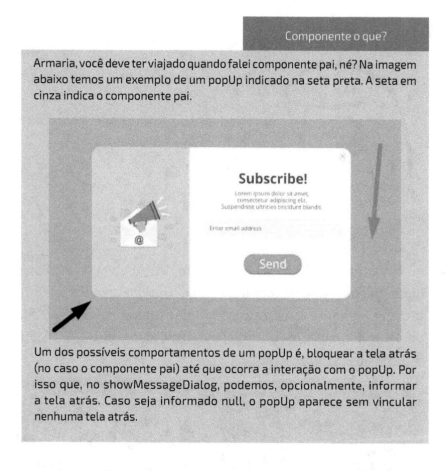

Componente o que?

Armaria, você deve ter viajado quando falei componente pai, né? Na imagem abaixo temos um exemplo de um popUp indicado na seta preta. A seta em cinza indica o componente pai.

Um dos possíveis comportamentos de um popUp é, bloquear a tela atrás (no caso o componente pai) até que ocorra a interação com o popUp. Por isso que, no showMessageDialog, podemos, opcionalmente, informar a tela atrás. Caso seja informado null, o popUp aparece sem vincular nenhuma tela atrás.

Neste livro, apresentamos 2 métodos de JOptionPane, entretanto existem outros como o showConfirmDialog e showOptionDialog.

2.13 Comentários em Java

Comentários são textos que são ignorados pelo compilador, sendo usado geralmente para documentar o código. Em Java, temos 3 tipos de comentários: de linha, bloco (múltiplas linhas) e JavaDOC.

O comentário de linha é usado para explicar partes específicas do código em uma única linha. O seu uso é bem simples, basta iniciar com barras duplas (//) que tudo após, até o término da linha, é considerado como comentário.

O comentário de múltiplas são usados para adicionar informações mais longas, podendo se estender por 1 ou mais, sendo delimitados por uma barra e asterisco (/*) no início e um asterisco e barra (*/) ao final. Desta maneira, tudo que estiver entre /* e */ passa a ser tratado como comentários.

```
1   class Teste {
2       /*
3        * Este é um
4        * comentário de bloco
5        */
6       public static void main(String[] args) {
7           //Comentário de linha 1
8           //System.out.println("Abella")
9           System.out.println("Olá, mundo!")
10      }
11  }
```

No exemplo a seguir, temos comentários de linha nas 7 e 8. Note que, o código da linha 8 não será executado, isto é, será ignorado pelo compilador, pois está comentado. Na linha 2, iniciamos um comentário de bloco, enquanto que na linha 5, encerramos o comentário de bloco. Os asteriscos das linhas 3 e 4 não são obrigatórios e, comumente o adotamos para deixar o comentário, digamos, bonitinho.

O último tipo de comentário é o JavaDOC, que são usados para gerar uma documentação (em formato HTML) com base no código fonte. Para entendermos melhor, peço que acesse o Java-DOC da classe String: https://docs.oracle.com/javase/8/docs/api/java/lang/String.html .

Como podemos ver, é usado para documentar classes, métodos e variáveis, fornecendo informações sobre seu propósito, uso e detalhes relevantes. O JavaDOC segue a mesma sintaxe dos comentários de várias linhas, mas começam com dois asteriscos (/**) ao invés de um (/*). A seguir, temos um exemplo.

```
1   /**          1
2    * Esta classe representa uma Classe de exemplo.
3    * Ela possui métodos para executar ações específicas.
4   */           1
5   class Teste {
6
7       /**      1
8        * Nosso método main      2
9        * @param args Argumentos de linha de comando   3
10      */        1
11      public static void main(String[] args) {
12          //Comentário de linha 1
13          //System.out.println("Abella")
14          System.out.println("Olá, mundo!")
15      }
16  }
```

Indicado na seta 1, temos as instruções para início e término do JavaDOC. No trecho indicado na seta 2, temos a descrição da classe e método. Na linha 9, temos a documentação de um parâmetro do método *main*. A linha inicia com @param para indicar que estamos documentando este parâmetro, seguida do nome do parâmetro e encerrado com o comentário (seta 3). É importante que, o nome do parâmetro das linhas 9 e 11, destacados na seta 4, sejam iguais.

Orientação a Objetos

Capítulo 3

Recomendações Para Este Capítulo

Para melhor aproveitamento deste capítulo, assista ao **vídeo JAVA07** **antes da leitura** para facilitar a compreensão dos assuntos que serão apresentados neste capítulo. Durante a leitura, siga o seu **plano de estudos**, **beba bastante água** e tenha em mãos o **guia de referência rápida** referente ao capítulo (arquivo **JAVA08**).

1. Introdução

Java, acompanhada de outras linguagens como C#, são orientadas à objetos (OO), que por sua vez, oferecem uma abordagem poderosa e flexível para o desenvolvimento de *software*, promovendo a *reutilização, a modularidade, a flexibilidade e a representação adequada do mundo real.*

Em linguagens orientadas à objetos, temos características-chave como: encapsulamento, herança, polimorfismo e abstração. Tais características serão discutidas nos capítulos e seções a seguir.

2. Classes e Objetos

Como uma linguagem OO, Java é amparada primordialmente por Classes. Nesta seção discutiremos este conceito, bem como o de objetos.

Vamos criar a nossa primeira classe baseada em um cenário de exemplo: Um banco chamado AbellaBank (palavras são sementes!). Precisamos criar a nossa primeira classe, chamada Conta.

Identificando Classes

Vamos entender como identificar classes dado um conjunto de informações do cliente com um exemplo prático.

Imagine que, o cliente solicitou a criação de um aplicativo chamado Abella-Bank que, possui uma Agencias e Contas. Uma Agência, possui o seu código, gerente responsável, cidade, endereço e uma lista de Contas, que por sua vez possui um número da agência, número da conta, nome do titular e saldo em conta.

Neste exemplo, podemos identificar duas classes: Agencia e Conta. Note que, as classes são geralmente no Singular e em Maiúsculo a primeira letra. A classe Agencia possui 5 variáveis de instância: código (int), gerenteResponsavel (String), cidade (String), endereço (String) e listaContas (Array ou ArrayList). Por fim, temos uma classe chamada Conta, que possui 4 variáveis de instância: numeroAgencia (int), numeroConta (int), titular (String) e saldo (double).

O mapeamento de classes e respectivos atributos foi unicamente baseado nas informações fornecidas pelo cliente (sublinhado acima).

Quais são os atributos de uma Conta? Imagino que, você deve ter pensado em vários atributos, mas, para fins de simplificação, foi eleger apenas 4: número da conta, número da agência, nome do titular e saldo em reais.

Cada um destes atributos, vai se transformar em variável de instância, conforme apresentado a seguir. Coloque na sua cabeça, a classe é como se fosse um carimbo ou uma forma de bolo.

```
1   class Conta {
2
3       int numeroAgencia;
4       int numeroConta;
5       String titular;
6       double saldo;
7   }
```

E, a partir da classe, podemos criar <u>Objetos, que, seguindo nossa analogia, podem ser as carimbadas</u>. Lembre-se que, **objetos também são conhecidos por instâncias.** Deste modo, **o fato de criar um objeto/instância, chama-se** <u>instanciar</u>.

Então, como instancio em Java? Conforme explicado a seguir, para instanciar, informamos o nome da classe, seguido pelo nome da variável. Para iniciar a variável, colocamos o sinal de atribuição, seguido pela palavra-chave new. Após isto, informamos o nome do construtor, método que <u>sempre tem o nome exato da classe</u>. Para encerrar, temos os parênteses, que dentro podem vir os parâmetros a serem informados no construtor. Neste caso, não informamos nenhum valor, ficando dois parênteses (abre e fecha) e, como toda instrução, encerrada com ponto e vírgula.

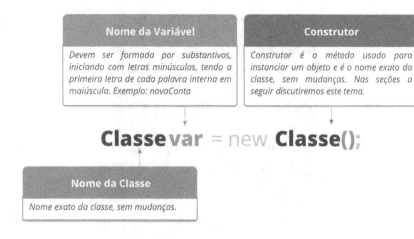

Nome da Variável

Devem ser formada por substantivos, iniciando com letras minúsculas, tendo a primeira letra de cada palavra interna em maiúscula. Exemplo: novaConta

Construtor

Construtor é o método usado para instanciar um objeto e é o nome exato da classe, sem mudanças. Nas seções a seguir discutiremos este tema.

Classevar = new **Classe();**

Nome da Classe

Nome exato da classe, sem mudanças.

Assim como declaramos as variáveis no capítulo anterior, existem duas formas de instanciar, como veremos a seguir. A primeira delas, na linha 5, iniciamos uma variável conta1 direto com uma instância. A segunda forma é a de atribuir declarar em um dado momento (linha 7) e instanciar posteriormente (linha 8).

```
1   class TesteInstaciacao {
2
3
4       public static void main(String[] args) {
5           Conta conta1 = new Conta();
6
7           Conta conta2;
8           conta2 = new Conta();
9       }
10  }
```

Agora que vocês já sabem instanciar de frente para trás e de trás para frente, na imagem a seguir temos o nosso carimbo, que representa a classe. Após isto, podemos ver que, criamos 3 objetos (variáveis conta1, conta2 e conta3).

Note que, cada objeto/instância é basicamente "uma carimbada" e, cada variável de instância, como vimos no capítulo anterior, recebe o valor padrão. Por exemplo, a variável numConta, int, recebe 0, enquanto que saldo, double, recebe 0.0.

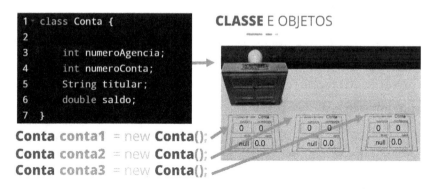

CLASSE E OBJETOS

```
1  class Conta {
2
3      int numeroAgencia;
4      int numeroConta;
5      String titular;
6      double saldo;
7  }
```

Conta conta1 = new **Conta();**
Conta conta2 = new **Conta();**
Conta conta3 = new **Conta();**

Em um cenário real, como preenchemos o número da agência, etc, de um dado objeto? Analisemos o exemplo a seguir. Nas linhas 4 e 9 instanciamos 2 objetos: conta1 e conta2. Entre as linhas 5 e 7, preenchemos o objeto conta1 da seguinte maneira: campo numeroConta com 111, titular com "Daniel" e saldo com 100000.50 (que assim seja!). Analogamente, as linhas 10, 11 e 12 fazem as mesmas coisas, porém com a variável conta2.

```
1  class TesteInstaciacao {
2
3      public static void main(String[] args) {
4          Conta conta1 = new Conta();
5          conta1.numeroConta = 111;
6          conta1.titular = "Daniel";
7          conta1.saldo = 100000.50;
8
9          Conta conta2 = new Conta();
10         conta2.numeroConta = 222;
11         conta2.titular = "Lucas";
12         conta2.saldo = 0;
13
14         System.out.println(conta1.titular);
15         System.out.println(conta2.titular);
16     }
17 }
```

Note que, nas linhas 14 e 15 imprimimos o campo titular das variáveis conta1 e conta2. Ou seja, imprimimos "Daniel" na linha 14 e "Lucas" na linha 15.

Desta forma, podemos concluir que, sempre para atribuir um valor fazemos **instancia.campo = valorParaCampo** (exemplo linha 11) e para imprimir, fazemos **instancia.campo** (exemplo linha 15).

Cuidado com o NullPointerException

Agora que aprendemos a instanciar classes, precisamos ter em mente que, sempre que, usando uma variável para um objeto, chamar um método ou variável de instância/classe, precisamos instanciar. Caso não façamos isto, receberemos uma Exception chamada NullPointerException, sinalizando uma condição excepcional durante a execução do código.

```
1   class Conta {                 9   class TesteInstanciacao {
2                                 10       public static void main(String[] args) {
3       int numeroAgencia;        11
4       int numeroConta;          12           Conta conta3 = null;
5       String titular;           13           conta3.numeroConta = 333;        1
6       double saldo;             14       2   System.out.println(conta3.numeroConta);
7   }                             15       }
8                                 16   }
```

Esta condição excepcional está indicada nas setas 1 e 2, onde chamamos a variável numeroConta usando a variável conta3 que aponta para *null*. <u>Não faça isso!</u>

3. Métodos

Dentro das classes, podemos ter variáveis e métodos, sendo este último tema desta seção. Na classe Conta, a seguir, é possível declarar variáveis, como vimos anteriormente, bem como métodos. Não tem uma ordem específica, variáveis e depois métodos, pode ser o inverso, mas comumente por convenção declaramos as variáveis e logo depois os métodos.

```
PUBLIC CLASS Conta {          public int var1 = 10 ;
                              protected int var2 = 10 ;
    [VARIÁVEIS DE CLASSE]              int var3 = 10 ;
                              private int var4 = 10 ;

    [MÉTODOS]          public static final retorno nomeMetodo1( ) {
}                                 }

                          public static final retorno nomeMetodo2 ( tipo var1 ) {
                                  }

                          public static final retorno nomeMetodo3(tipo var1 , tipo var1 ) {
                                  }
```

Para entender melhor o funcionamento de métodos em Java, verifique a imagem a seguir, onde:

- O método inicia com **modificador de acesso, que é obri-gatório**, podendo ser public, protected, default (não tem modificador explícito) e private;

- Após, podemos incluir ou não a **palavra-chave static ao método (opcional),** que permite que seja chamado direta-mente na classe, sem a necessidade de criar uma instância do objeto. Este assunto será discutido ainda neste livro;

- Na sequência, podemos incluir ou não a **palavra-chave final ao método (opcional)**, que indica que eles não podem ser sobrescritos por subclasses, tornando-os imutáveis e garantindo que sua implementação original seja mantida. Novamente, este assunto será discutido ainda neste livro;

- Após, temos **obrigatoriamente o retorno do método**. Caso não tenha retorno, usamos a palavra void. Em caso de ter, colocamos o tipo de retorno específico, como tipos primiti-vos (int, double, boolean, etc) ou classe (Conta, Banco, etc);

- Posteriormente, **temos obrigatoriamente o nome do método**, que deve iniciar por convenção com minúsculo, tendo a primeira letra de cada palavra interna maiúscula;

- A seguir, temos obrigatoriamente um **dois parêntesis ( )**, como no método1 abaixo;

- **Entre os parêntesis, podemos ter 0, 1 ou mais parâmetros**; Cada parâmetro, segue o formato `tipo var1` , a exemplo de int idade e String nome. Caso tenha mais de 1 parâmetro, como no método3, separamos os parâmetros entre vírgulas;

- **Ao fim, temos a abertura e fechamento de chaves { }.**

```
public static final retorno nomeMetodo1( ) {
}

public static final retorno nomeMetodo2( tipo var1 ) {
}

public static final retorno nomeMetodo3(tipo var1 , tipo var1 ) {
}
```

Agora que sabemos como criar um método, a seguir temos exemplos de métodos com e sem retorno. Entre as linhas 7 e 9, temos um método chamado getSaldoLiquido, que obtém o valor do saldo do usuário decrescido de 1.5, que é hipoteticamente um imposto federal.

Note que, este método não tem nenhum parâmetro (veja que os parênteses são abertos e encerrados sem parâmetro) e tem como retorno double. Como é um método com retorno, dentro do método, precisamos ter alguma instrução return, como aconteceu na linha 8.

```
1   class Conta {
2       private int numeroAgencia;
3       private int numeroConta;
4       private double saldo;
5       private String titular;
6
7       public double getSaldoLiquido() {
8           return saldo - 1.5;
9       }
10
11      public void depositar(double montante) {
12          saldo = saldo + montante;
13      }
14  }
```

O método entre as linhas 11 e 13 permite o depósito de um dado valor, que é o parâmetro montante (entre os parênteses). Note que, este método não tem retorno (é void) e, no seu compro, acrescenta ao saldo o valor do montante.Alternativamente, a linha 12 poderia ser substituída por <u>saldo += montante;</u>

```
1   class Conta {
2       private int numeroAgencia;
3       private int numeroConta;
4       private double saldo;
5       private String titular;
6
7       public double getSaldoLiquido() {
8           return saldo - 1.5;
9       }
10
11      public void depositar(double montante) {
12          saldo = saldo + montante;
13      }
14  }
15
```

```
16  class Teste {
17
18      public static void main(String[] args) {
19
20          Conta c1 = new Conta();
21          c1.depositar(100);
22          double meuSaldo = c1.getSaldoLiquido();
23          System.out.println("Meu saldo é " + meuSaldo);
24      }
25
26  }
```

No código acima, entre as linhas 16 e 26 temos a classe Teste. Note que, dentro do método *main*, instanciamos a classe Conta (linha 20) e chamamos o método depositar (linha 21). Na linha 22, chamamos o método getSaldoLiquido e atribumos o retorno à variável local meuSaldo. Na última linha do método, 23, imprimimos o saldo.

É importante verifique que, **os métodos são chamados com base em instâncias criadas.** A única maneira de chamar métodos sem instâncias, é com métodos static, assunto que será abordado em próximos capítulos.

3.1 Métodos Construtores

No início da seção 2 deste capítulo, informamos que, para instanciar uma classe, à direita, informamos o nome do construtor, conforme destacado na imagem abaixo, assunto aqui discutido.

Construtores são métodos especiais usados para criar objetos a partir de uma classe.

Abaixo temos três exemplos de construtores. **Os construtores são iniciados por um modificador de acesso (public, protected, default ou private).** O primeiro construtor possui modificador public, enquanto que o segundo possui modificador private. O último construtor possui o modificador default.

A seguir, temos o nome do construtor, que **possuem exatamente o mesmo nome da classe em que estão definidos.** Note que, **NÃO temos nenhum retorno!** Quando dizemos não tem retorno, é não ter, não quer dizer sem retorno (neste caso, *void*).

Depois do nome do método (que é o mesmo da classe), temos obrigatoriamente um **dois parêntesis ().** **Entre os parêntesis, podemos ter 0, 1 ou mais parâmetros**, onde cada parâmetro, segue o formato ^{tipo var1}, a exemplo de String var e double v1. Caso tenha mais de 1 parâmetro, como no terceiro construtor, separamos os parâmetros entre vírgulas.

Ao fim, temos a abertura e fechamento de chaves { }.

```java
public Conta ( ) {
}

private Conta ( String var ) {
}

Conta (double v1, double v2 ) {
}
```

3.1 Uso de Construtores

No código a seguir, temos uma classe Conta. No método main da classe Teste, instanciamos a classe Conta (linha 12) e, entre as linhas 13 e 16, atribuímos valores a cada um das 4 variáveis de Conta.

```
1   class Conta {
2       public int numeroAgencia;
3       public int numeroConta;
4       public double saldo;
5       public String titular;
6   }
7
8   class Teste {
9
10      public static void main(String[] args) {
11
12          Conta c1 = new Conta();
13          c1.numeroAgencia = 1;
14          c1.numeroConta = 12345;
15          c1.titular = "Arthur";
16          c1.saldo = 1000;
17
18          System.out.println("O saldo de " + c1.titular + " eh "
                  + c1.saldo);
19      }
20  }
```

Estas atribuições só foram necessárias devido à ausência de construtores. No exemplo a seguir, alteramos o código acima para uso de construtores. Inicialmente, veja a definição do construtor na linha 7, atentando-se ao fato que, este recebe 4 parâmetros (agencia, conta, novoSaldo e nomeTitular). Dentro do construtor, entre as linhas 8 e 11, temos atribuições, na qual a variável da instância é atribuída com o valor do parâmetro. Por exemplo, numeroAgencia (variável de instância), recebe o valor do parâmetro agencia.

```java
1   class Conta {
2       public int numeroAgencia;
3       public int numeroConta;
4       public double saldo;
5       public String titular;
6
7       public Conta(int agencia, int conta, double novoSaldo,
            String nomeTitular) {
8           numeroAgencia = agencia;
9           numeroConta = conta;
10          saldo = novoSaldo;
11          titular = nomeTitular;
12      }
13  }
14
15  class Teste {
16
17      public static void main(String[] args) {
18
19          Conta c1 = new Conta(1,12345,1000,"Arthur");
20          System.out.println("O saldo de " + c1.titular + " eh
                " + c1.saldo);
21          c1.titular = "Arthur Abella";
22          System.out.println("O saldo de " + c1.titular + " eh
                " + c1.saldo);
23      }
24  }
```

No método main da classe Teste, mais especificamente na linha 19, chamamos o construtor passando exatamente a ordem definida na linha 7. Desta maneira, podemos ver que o construtor facilitou o preenchimento das 4 variáveis de instância.

O construtor deve ser usado sempre que você for inicializar um objeto. Uma vez criado o objeto, não significa que você não pode alterar os valores das variáveis de instância, como fizemos na linha 21.

3.2 Uso do This em Métodos e Construtores

No último código da seção anterior, observamos que, o nome dos parâmetros é diferente do nome das variáveis de instância. Por exemplo, o nome do parâmetro se chama agência, enquanto que o nome da variável de instância se chama numeroAgencia e assim sucessivamente.

Na maioria dos casos, os programadores gostam de manter o nome do parâmetro e da variável de instância o mesmo.

Entretanto, cuidado para não fazer este código abaixo, pois **está errado**. Experimente rodar este código e verás que, as variáveis de instância não receberam os valores informados no construtor (via parâmetro), ficando com os valores padrão. Deste modo, a saída do programa foi: `O saldo de null eh 0.0`.

```java
1  class Conta {
2      public int numeroAgencia;
3      public int numeroConta;
4      public double saldo;
5      public String titular;
6
7      public Conta(int numeroAgencia, int numeroConta, double
           saldo, String titular) {
8          numeroAgencia = numeroAgencia;
9          numeroConta = numeroConta;
10         saldo = saldo;
11         titular = titular;
12     }
13 }
14
15 class Teste {
16
17     public static void main(String[] args) {
18
19         Conta c1 = new Conta(1,12345,1000,"Arthur");
20         System.out.println("O saldo de " + c1.titular + " eh
               " + c1.saldo);
21     }
22 }
```

O problema <u>não é</u> porque as variáveis de instância e parâmetros tem o mesmo nome. **O problema é porque, entre as linhas 8 e 11, não fizemos a diferenciação entre o que é a variável de classe e o que é o parâmetro**. Fica como se fosse, por exemplo na linha 10, "o parâmetro saldo, recebe o valor do parâmetro saldo", ou seja, não acontece nada, o valor que já tinha, permance. Como fazemos esta diferenciação? **Usando a palavra-chave this**, conforme o código a seguir.

```
1    class Conta {
2        public int numeroAgencia;
3        public int numeroConta;
4        public double saldo;
5        public String titular;
6
7        public Conta(int numeroAgencia, int numeroConta, double
             saldo, String titular) {
8            this.numeroAgencia = agencia;
9            this.numeroConta = conta;
10           this.saldo = novoSaldo;
11           this.titular = nomeTitular;
12       }
13   }
14
15   class Teste {
16
17       public static void main(String[] args) {
18
19           Conta c1 = new Conta(1,12345,1000,"Arthur");
20           System.out.println("O saldo de " + c1.titular + " eh
                  " + c1.saldo);
21       }
22   }
```

Com relação ao uso do this, segue algumas observações adicionais. Primeiramente, observe a imagem a seguir. Note que, **quando fazemos this.titular, estamos se referindo obrigatoriamente a variável da instância titular**. Enquanto que, **quando**

fazemos titular, o compilador <u>busca inicialmente uma variável local/parâmetro chamado titular</u> **e** <u>só caso não encontre localmente, procura uma variável de instância chamada titular</u>. Por favor, releia todo este parágrafo para que não fique nenhum gap.

```
1   class Conta {
2       public int numeroAgencia;
3       public int numeroConta;
4       public double saldo;
5       public String titular;
6
7       public Conta(int numeroAgencia, int numeroConta, double
            saldo, String titular) {
8           this.numeroAgencia = numeroAgencia;
9           this.numeroConta = numeroConta;
10          this.saldo = saldo;
11          this.titular = titular;
12      }
13  }
```

3.3 Construtor Padrão (Default)

Aprendemos a criar construtores nas seções anteriores. No exemplo a seguir, na linha 11, instanciamos a classe Conta. Entretanto, que construtor de Conta está sendo chamado na linha 11? Não existe nenhum construtor na classe Conta. Na verdade, existe sim!

<u>Quando uma classe não tem nenhum construtor explícito, o Java coloca implicitamente um construtor público vazio para você</u>. Este <u>construtor se chama Construtor Padrão ou Construtor Default</u> e está representado à direita da imagem a seguir. Por isso o código da linha 11 funciona.

```
1  class Conta {
2      public int numeroAgencia;
3      public int numeroConta;
4      public double saldo;
5      public String titular;
6  }
7
8  class Teste {
9
10     public static void main(String[] args) {
11         Conta c1 = new Conta();
12     }
13 }
```

```
public Conta() {

}
```

Ficou claro que o construtor padrão só existe quando não tem nenhum outro? O exemplo abaixo pode deixar ainda mais claro. Temos um erro de compilação na linha 15, pois chamamos um construtor vazio, que não tem. Para solucionar este erro, temos duas opções. A primeira é, criar um construtor vazio na classe Conta. A segunda opção é, apagar o construtor existente de conta (entre as linhas 7 e 9) que, o construtor padrão aparecerá.

```
1  class Conta {
2      public int numeroAgencia;
3      public int numeroConta;
4      public double saldo;
5      public String titular;
6
7      public Conta(double saldo) {
8          this.saldo = saldo;
9      }
10 }
11
12 class Teste {
13
14     public static void main(String[] args) {
15         Conta c1 = new Conta();
16     }
17 }
```

3.4 Criação de Construtores de Maneira Eficaz

Como visto nas seções anteriores, o construtor serve para instanciar uma classe (isto é, gerar objetos), bem como serve para inicializar um objeto com dados valores.

Começo esta seção logo com duas perguntas: 1) Quando você vai ao banco, o que você informa para criar uma Conta? E, 2) Faz sentido a classe Conta ter um construtor vazio (seja esse o construtor padrão ou não)?

Considerando em um cenário hipotético de 4 possíveis atributos de uma Conta (numeroAgencia, numeroConta, saldo e titular), o cliente tem que, obrigatoriamente informar o número da agência, número da conta e nome do titular. Opcionalmente, o saldo pode ser informado. Caso não informado, o valor padrão 0.0 é atribuído ao saldo, que é double.

Então, respondendo a pergunta 1, para criar uma Conta, podemos ter duas formas. A primeira informando número da agência, número da conta e nome do titular. E a segunda, informando o mesmo da forma 1, acrescendo o saldo. Refletindo para a linguagem Java, traduzimos para a maneira a seguir:

```java
 1  class Conta {
 2      public int numeroAgencia;
 3      public int numeroConta;
 4      public double saldo;
 5      public String titular;
 6
 7      public Conta(int numeroAgencia, int numeroConta, String
            titular) {
 8          this.numeroAgencia = numeroAgencia;
 9          this.numeroConta = numeroConta;
10          this.titular = titular;
11      }
12
13      public Conta(int numeroAgencia, int numeroConta, String
            titular, double saldo) {
14          this.numeroAgencia = numeroAgencia;
15          this.numeroConta = numeroConta;
16          this.titular = titular;
17          this.saldo = saldo;
18      }
19  }
20
21  class Teste {
22
23      public static void main(String[] args) {
24
25          Conta c1 = new Conta(1,12345,"Arthur",1000);
26          Conta c2 = new Conta(1,12345,"Lucas");
27      }
28  }
```

É importante salientar que, criamos 2 construtores representando as duas formas de criar uma Conta na vida real. Agora, respondendo a pergunta 2, não faz sentido ter construtor vazio (seja padrão ou não) na classe Conta, pois por acaso você vai ao banco e, sem informar nada (como é o caso de consrtrutor vazio), sai com uma conta? Não, né? Por isso não faz sentido termos um construtor vazio na classe Conta.

Na hora que você for criar construtores, sempre faça esta análise: "O que preciso para poder criar uma instância na vida real?". Baseado nesta resposta, que criamos os construtores.

3.5 Sobrecarga (Overload) de Métodos e Construtores

Na classe Calculadora, temos o método soma e demais que foram omitidos (linha 6) por simplicidade. Este método recebe como parâmetro, 2 *double*, e resulta na soma destes.

```
1   class Calculadora {
2
3       public double soma(double operando1, double operando2) {
4           return operando1 + operando2;
5       }
6   //demais operações como divisão, multiplicacao, substracao
7   }
```

Se, ao invés de 2 operandos, quisermos 3 operandos, temos 2 alternativas. A primeira, que é bem incomum, mas funcional, cria 2 métodos com nomes diferentes (somaDois, somaTres), um para cada situação (2 operandos e 3 operandos).

```
1   class Calculadora {
2
3       public double somaDois(double operando1, double operando2) {
4           return operando1 + operando2;
5       }
6
7       public double somaTres(double operando1, double operando2,
            double operando3) {
8           return operando1 + operando2 + operando3;
9       }
10  }
```

A maneira mais elegante, apresentada a seguir, é usar sobre-carga de métodos. Note que, temos 2 métodos com mesmo nome, porém com parâmetros diferentes.

```
1  class Calculadora {
2
3      public double soma(double operando1, double operando2) {
4          return operando1 + operando2;
5      }
6
7      public double soma(double operando1, double operando2, double
           operando3) {
8          return operando1 + operando2 + operando3;
9      }
10 }
```

Meu Deus! Se os métodos possuem agora o mesmo nome, como vou saber qual dos dois vai ser chamado? No código a seguir, na linha 17, podemos identificar pelos tipos e quantidade de parâ-metros que, vai ser chamado o método soma da linha 3 (do código anterior), enquanto que, na linha 19, torna-se claro que, estamos chamando o método soma da linha 7 pelo mesmo motivo.

```
12  class Teste {
13
14      public static void main(String[] args) {
15          Calculadora c1 = new Calculadora();
16
17          double resultado = c1.soma(1.5,1);
18          System.out.println(resultado);
19          resultado = c1.soma(1.5,1,3);
20          System.out.println(resultado);
21      }
22  }
```

Não ouse seguir a frente sem praticar e criar versões dos métodos subtrair, multiplicar e dividir. Agora que, "passei a real" com relação a sobrecarga, vamos formalizar este conceito. **Sobrecarga é a possibilidade de definirmos múltiplas versões de um método ou construtor com o mesmo nome, mas com diferentes tipos de parâmetros.** Na seção 3.4 anterior podemos ver um exemplo de sobrecarga de construtores.

4. Encapsulamento

Imagine o cenário a seguir. Note que, acessamos todas as variáveis da classe Conta sem nenhuma proteção. Ou seja, como exemplificado nas linhas 12 e 13, podemos atribuir qualquer valor à variável saldo. **Para proteger as variáveis, o remédio é encapsulamento.**

```
1   class Conta {
2       public int numeroAgencia;
3       public int numeroConta;
4       public double saldo;
5       public String titular;
6   }
7
8   class Teste {
9
10      public static void main(String[] args) {
11          Conta c1 = new Conta();
12          c1.saldo = -1000;
13          c1.saldo = 100000;
14      }
15  }
```

Para aplicar o remédio encapsulamento, temos 2 passos:

- **#1 Restringir as variáveis:** Ou seja, colocar modificadores de acesso mais restritos como private; e

- **#2 Criar métodos que promovam a interação com a variável de modo seguro:** No caso do saldo, podemos ter ao menos 3 métodos (depositar, sacar e getSaldo).

O resultado da aplicação do primeiro passo (Restringir as variáveis) é apresentado a seguir. Note que, alteramos as variáveis das linhas 3 a 5, trocando de public para private (mais restritivo). Com isso, o código das linhas 12 e 13 não funcionam mais, pois, como veremos nos próximos capítulos, o uso do private faz com quem, apenas a própria classe possa alterar diretamente.

```
1  class Conta {
2      private int numeroAgencia;
3      private int numeroConta;
4      private double saldo;
5      private String titular;
6  }
7
8  class Teste {
9
10     public static void main(String[] args) {
11         Conta c1 = new Conta();
12         c1.saldo = -1000;
13         c1.saldo = 100000;
14     }
15 }
```

Agora, vamos aplicar o segundo passo, que envolve a criação dos 3 métodos apresentados a seguir. Note que, a maneira que a classe Teste interage com a variável saldo da classe Conta não é mais direta, mas por meio dos métodos depositar, sacar e getSaldo. Nestes métodos, como podemos ver nas linhas 8 e 14, protegemos de maneira eficiente a variável saldo. Ou seja, aplicamos o encapsulamento.

```java
1   class Conta {
2       private int numeroAgencia;
3       private int numeroConta;
4       private double saldo;
5       private String titular;
6
7       public void depositar(double montante) {
8           if(montante > 0) {
9               saldo += montante;
10          }
11      }
12
13      public void sacar(double montante) {
14          if(montante > 0) {
15              saldo -= montante;
16          }
17      }
18
19      public double getSaldo() {
20          return this.saldo;
21      }
22  }
23
24  class Teste {
25
26      public static void main(String[] args) {
27          Conta c1 = new Conta();
28          c1.depositar(1000);
29          System.out.println("Saldo atual " + c1.getSaldo());
30
31          c1.sacar(300);
32          System.out.println("Saldo atual " + c1.getSaldo());
33      }
34  }
```

Agora que vimos na prática, vamos apresentar o conceito.

O encapsulamento protege os dados (estado interno) e comportamentos de uma classe, sendo uma forma de ocultar a implementação interna da classe e fornece acesso controlado aos seus atributos e métodos.

Neste conceito, os dados ou estado interno são as variáveis das linhas 2 a 5.E, o acesso controlado é feito mediante os métodos apresentados nas linhas 7, 13 e 19.

É importante frisar que, promovemos o encapsulamento apenas na variável saldo, faltando ainda as variáveis numeroAgencia, numeroConta e titular, que apresentaremos na seção a seguir.

4.1 Getters e Setters

Os métodos getters e setters desempenham um papel fundamental na implementação do encapsulamento em Java. São métodos públicos usados para obter (get) e modificar (set) os valores dos atributos privados de uma classe.

Podemos verificar no exemplo a seguir, a criação do getter e setter para o atributo titular. Note que, o método setTitular, ajusta o valor da variável titular (linha 5) com o valor do parâmetro titular da linha 7. Como possuem o mesmo nome (as variáveis local e de instância da linhas 7 e 5), é obrigatório o uso do this, lembra?

```
1   class Conta {
2       private int numeroAgencia;
3       private int numeroConta;
4       private double saldo;
5       private String titular;
6
7       public void setTitular(String titular) {
8           this.titular = titular;
9       }
10
11      public String getTitular() {
12          return titular;
13      }
14
15      //demais getters, setters omitivos
16      //omitidos o depositar, sacar e getSaldo
17  }
```

Agora, na linha 11, temos o getTitular, que retorna o valor da variável de instância titular. Para finalizar, note que, em ambos os métodos getTitular e setTitular, o caractere "T" é maiúsculo (indicado pela seta), pois o nome dos métodos são cammel case, ou seja, inicia com minúsculo e a primeira letra das palavras internas maiúscula.

Fizemos os getter e setter apenas para a variável titular. Atividade! Experimente fazer para as varíaveis numeroConta e numeroAgencia e, reunir com os métodos sacar, depositar e getSaldo da seção 4.

Ficar gerando getters e setters para todas as variáveis de instância tende a ser uma tarefa chata, porém necessária. Pensando nisto, temos 2 possibilidades.
A primeira é que, as IDEs como Eclipse ou Intellij Idea, podem gerar os getters e setters baseado nas variáveis declaradas, como veremos na seção 3 do capítulo 4.
A segunda possibilidade é usar bibliotecas externas como Lombok que, geram os getters e setters automaticamente. Na seção 4.1 do capítulo a seguir, apresentamos brevemente como usar esta biblioteca para geração.

Um último ponto, mas importante. Vamos gerar getters e setters para titular, numeroConta e numeroAgencia, entretanto, para a variável saldo, apenas o getter pode ser útil, uma vez que, a maneira de interagir com o valor do saldo vai ser via métodos depositar e sacar.

5. Static

Static é um conceito um tanto abstrato para quem está iniciando na linguagem Java, mas você verá que vai entrar na sua cabeça. **Static é uma palavra-chave, aplicável em atributos ou métodos, que faz com que este membro pertence à classe em si, em vez de pertencer a uma instância específica da classe.**

Na seção 5.1, descrevemos como aplicar static em métodos, enquanto que na seção 5.2, aplicamos em variáveis.

5.1 Métodos Static

Nas seções anteriores discutimos Classes e Métodos. Faz total sentido termos uma classe Conta, com 4 variáveis de instância (numeroAgencia, numeroConta, titular e saldo), com métodos depositar e sacar, acrescido dos getters e setters para todas as variáveis. Tais variáveis estão associadas a cada instância, ou seja, cada instância vai ter suas 4 variáveis com seus respectivos valores.

Entretanto, imagine algum dos seguintes cenários:

- Queremos criar um método para formatar uma data para o padrão DD/MM/YYYY;

- Tratar uma String, removendo os espaços e transformando em maiúsculo;

- Dada uma data informada, obter a dia;

- Entre outros.

Note que, em qualquer um dos cenários supracitados, não é um cenário de um objeto real, como Conta, Agencia, Banco, entre outros. Abaixo, temos o código referente ao segundo cenário supracitado.

```
1  class StringUtil {
2
3      public String tratarString(String textoSemFormato) {
4          textoSemFormato = textoSemFormato.trim();
5          textoSemFormato = textoSemFormato.toUpperCase();
6          return textoSemFormato;
7      }
8  }
9
10 class Teste {
11     public static void main(String[] args) {
12         StringUtil util = new StringUtil();
13         String strFormatada = util.tratarString(" daniel ");
14         System.out.println(strFormatada);
15     }
16 }
```

Note que, inicialmente criamos o método tratarString, total-mente elegível a ser static, por dois motivos:

- Este método ão depende de nenhum estado específico do objeto (variável de instância);

- Se a classe Teste e mais outras 19 classes precisarem for-matar um texto, teríamos que instanciar a classe Strin-gUtil 20 vezes apenas com objetivo de chamar o método tratarString.

Agora que o mega super ultra static entra em ação! **Com um método static, não precisa mais instanciar a classe para chama-lo, basta apenas chamada da seguinte maneira: Classe. metodoStatic().** Veja abaixo como o exemplo da página anterior é transformado com o uso do static.

```java
1  class StringUtil {
2
3      public static String tratarString(String textoSemFormato) {
4          textoSemFormato = textoSemFormato.trim();
5          textoSemFormato = textoSemFormato.toUpperCase();
6          return textoSemFormato;
7      }
8  }
9
10 class Teste {
11     public static void main(String[] args) {
12         String strFormatada = StringUtil.tratarString(" daniel ")
13         System.out.println(strFormatada);
14     }
15 }
```

Na classe Teste acima, na linha 12 acima, chamamos o método tratarString sem qualquer instância, chamando direta-mente pelo nome da classe. Isto só foi possível graças ao uso da palavra-chave static na linha 3.

Para encerrar, a seguir estão algumas situações em que você pode considerar usar static em métodos:

- **Métodos utilitários:** Se você possui um método que realiza uma operação genérica e não depende de nenhum estado específico do objeto, pode ser apropriado torná-lo static;

- *Factory Methods*: Se você tem um método que cria e retorna instâncias da classe atual, pode ser útil torná-lo estático. Dessa forma, os usuários da classe podem criar objetos sem precisar instanciar a classe explicitamente. Este assunto não será coberto neste livro, pois está associado a Padrões de Projetos (Design Patterns), assunto de maior complexidade.

Em resumo, use métodos estáticos quando eles são independentes do estado do objeto e podem ser compartilhados por todas as instâncias da classe. Use métodos não estáticos quando o comportamento está diretamente relacionado a uma instância específica e depende de seus atributos e métodos não estáticos.

Dentro de métodos static, não podemos chamar diretamente (sem instanciar) membros (variáveis e métodos) não static! Por que este preconceito? Porque as variáveis de instância pertencem a uma instância específica da classe, enquanto os métodos static são compartilhados por todas as instâncias.

No entanto, se você precisar usar uma variável de instância dentro de um método static, é possível fazer isso através de uma instância específica da classe. Para acessar a variável de instância, você precisará criar uma instância da classe e, em seguida, usar essa instância para acessar a variável.

```
1   public class Exemplo {
2       private int variavelDeInstancia;
3       private static int variavelDeClasse;
4
5       public static void metodoEstatico() {
6
7           variavelDeClasse = 20;
8
9           Exemplo exemplo = new Exemplo();
10          exemplo.variavelDeInstancia = 10;
11          System.out.println(exemplo.variavelDeInstancia);
12      }
13  }
```

Nesse exemplo, o método static chamado metodoEstatico(), nas linhas 9 e 10, criamos uma instância de Exemplo e, em seguida, acessa e modifica a variável de instância variavelDeInstancia. Você só pode acessar a variável de instância após criar a instância específica usando o operador new.
Por outro lado, na linha 7, chamamos diretamente a variável de classe sem instanciar, pois estamos chamando uma variável static e partir de um método static. Entendeu a parada do preconceito? Static com Static.

5.2 Variáveis Static

Uma variável de instância vira variável de classe quando recebe a palavra-chave static.

Simples assim! No exemplo abaixo, temos a classe Carro com 3 variáveis (2 de instância, descrição e ano e 1 de classe, quantidadeVendas).

O uso do static na variável quantidadeVendas (linha 5) é um dos primeiros cenários de aplicação, quando queremos realizar o **compartilhamento de dados**. Neste caso, queremos que esta variável armazene a quantidade de carros no sistema (traduzindo para o mundo orientado à objetos, quantidade de instanciações, ou seja, quantas vezes chamamos o(s) construtor(es)). Para isso, a declaramos como static e a incrementamos (++) no construtor (linha 10). Se você executar o código, todos os 6 prints, apresentará "2", conforme previsto.

```java
1   class Carro {
2
3       private String descricao;
4       private int ano;
5       public static int quantidadeVendas;
6
7       public Carro(String descricao, int ano) {
8           this.descricao = descricao;
9           this.ano = ano;
10          quantidadeVendas++;
11      }
12
13      public static int mostrarQuantidadeVendas() {
14          return quantidadeVendas;
15      }
16  }
17
```

Então, com static, existe o compartilhamento de dados? Sim, experimente executar o código a seguir, na qual "pegamos" o código da página anterior e removemos o static. Agora, a saída será "1", porque a variável quantidadeVendas agora não é static, de forma que, são criadas 2 variáveis quantidadeVendas na memória (uma para o objeto carro1 e uma para o objeto carro2).

```
1   class Carro {
2
3       private String descricao;
4       private int ano;
5       public int quantidadeVendas;
6
7       public Carro(String descricao, int ano) {
8           this.descricao = descricao;
9           this.ano = ano;
10          quantidadeVendas++;
11      }
12
13      public int mostrarQuantidadeVendas() {
14          return quantidadeVendas;
15      }
17
18  class Teste {
19
20      public static void main(String[] args) {
21
22          Carro carro1 = new Carro("Audi A3", 2019);
23          Carro carro2 = new Carro("Jetta", 2023);
24
25          System.out.println(carro1.quantidadeVendas);
26          System.out.println(carro2.quantidadeVendas);
27
28          System.out.println(carro1.mostrarQuantidadeVendas());
29          System.out.println(carro2.mostrarQuantidadeVendas());
30      }
31  }
```

5.3 Constantes em Java

Constantes são variáveis que seu valor não pode ser modificado. Imagine uma constante chamada MAIORIDADE_PENAL com valor 18, cujo valor não pode ser nunca mais alterado. Na linguagem Java, não existe formalmente o conceito de constantes, mas combinamos as palavras-chave static e final para termos algo similar. **Constantes em Java é a combinação das palavras-chave static e final. Sugere-se que, constantes devem sempre ser em maiúscula com palavras internas separadas por um *underline*.**

Em primeiro momento, vamos explicar o funcionamento da palavra-chave final. **Final em variáveis significa que, uma vez o valor atribuído, não pode ser alterado.**

No exemplo a seguir, na linha 11, declaramos a variavelFinal2 e a inicializamos com 123. Caso tentássemos executar a linha 12 (sem os // dos comentários), teríamos o erro de compilação, pois esta variável foi atribuída na linha anterior.

```
1  public class ExemploVariaveisFinal {
2
3      public final int variavelFinal1 = 123;
4
5      public void metodoQualquer() {
6          System.out.println(variavelFinal1);
7      }
8
9      public static void main(String[] args) {
10
11          final int variavelFinal2 = 123;
12          //variavelFinal2 = 2345;
13          System.out.println(variavelFinal2);
14
15          final int variavelFinal3;
16          //System.out.println(variavelFinal3);
17          variavelFinal3 = 123;
18          System.out.println(variavelFinal3);
19      }
20  }
```

Complementarmente, veja a variavelFinal3 na linha 15, que não foi iniciada. Caso tentássemos executar a linha 16 (sem os // dos comentários), teríamos o erro de compilação, pois não podemos dar um print em uma variável final não inicializada. A seguir, na linha 17, inicializamos a variável e na linha seguinte, a imprimimos.

Note que, **descrevemos o conceito de final em variáveis**. Ao combinar com static, temos as contantes, conforme exemplo a seguir.

Nas linhas 3 e 4, temos exemplo de constantes na matemática PI e EULER_CONSTANT, que rmazenam os valores das constantes matemáticas Pi (π) e a constante de Euler (e).

Posteriormente, nas linhas 6 e 7, essas constantes podem ser usadas para definir limites fixos em um programa, como o número máximo de tentativas permitidas ou a idade mínima necessária.

```java
1   public class ExemploConstantes {
2
3       public static final double PI = 3.14159;
4       public static final double EULER_CONSTANT = 2.71828;
5
6       public static final int MAX_ATTEMPTS = 5;
7       public static final int MIN_AGE = 18;
8
9       public static final String ERROR_MESSAGE = "Ocorreu um erro inesperado.";
10      public static final String LOG_MESSAGE = "Registro criado com sucesso.";
11
12      public static final int MAX_CONNECTIONS = 100;
13      public static final String DATABASE_URL = "jdbc:mysql://localhost:3306
            /mydatabase";
14
15      //demais variáveis e métodos
16  }
```

Nas linhas 9 e 10, essas constantes são úteis para armazenar mensagens de erro, mensagens de log ou qualquer outra mensagem que precise ser exibida em diferentes partes do programa.

Por fim, nas linhas 12 e 13, essas constantes podem ser usadas para armazenar valores de configuração, como o número máximo de conexões permitidas ou a URL de conexão com o banco de dados.

Agora, a partir de qualquer classe, se precisássemos imprimir o valor de PI, por exemplo, basta fazer: **System.out.println(ExemploConstantes.PI);**

IDE Eclipse

Capítulo 4

Recomendações Para Este Capítulo

Para melhor aproveitamento deste capítulo, as: **JAVA09** **antes da leitura** para facilitar a compreensão dos assuntos que serão apresentados neste capítulo. Durante a leitura, siga o seu **plano de estudos**, **beba bastante água** e tenha em mãos o **guia de referência rápida** referente ao capítulo (arquivo **JAVA10**).

1. Introdução

Durante a aprendizagem de uma linguagem, até mesmo durante a execução das atividades laborais, a escolha de uma boa IDE (*Integrated Development Environment* ou Ambiente de Desenvolvimento Integrado) é muito importante.

A IDE, em resumo, é basicamente a ferramenta de edição de código fonte, um "Word" da programação, oferecendo um conjunto de recursos projetados para auxiliar os programadores no desenvolvimento de *software*.

Por muitas vezes vai além da edição de código fonte, podendo incluir compilador/intérprete, depurador e recursos avançados como realce de sintaxe, sugestões automáticas, preenchimento automático e formatação de código. Desta forma, permite ao programador escrever código de forma mais rápida e precisa, evitando erros comuns.

Neste capítulo apresentaremos a IDE Eclipse, que junto a Intellij Idea são as principais IDEs para desenvolvimento em Java.

2. Instalação do Eclipse

Para baixar a última versão do Eclipse, basta acessar o endereço indicado a seguir, procurar por "Eclipse IDE for Enterprise Java and Web Developers" e eleger, à direita, uma versão baseada no seu sistema operacional.

O endereço é o seguinte: https://www.eclipse.org/downloads/packages/

Eclipse IDE for Enterprise Java and Web Developers

523 MB   193,311 DOWNLOADS

 Tools for developers working with Java and Web applications, including a Java IDE, tools for JavaScript, TypeScript, JavaServer Pages and Faces, Yaml, Markdown, Web Services, JPA and Data Tools, Maven and Gradle, Git, and more.

 Windows x86_64
macOS x86_64 | AArch64
Linux x86_64 | AArch64

Click here to open a bug report with the Eclipse Web Tools Platform.
Click here to raise an issue with the Eclipse Platform.
Click here to raise an issue with Maven integration for web projects.
Click here to raise an issue with Eclipse Wild Web Developer (incubating).

Ao realizar o *download*, basta descompactar o arquivo compactado em algum local. Para abrir a IDE, basta, nesta mesma pasta, abrir o arquivo 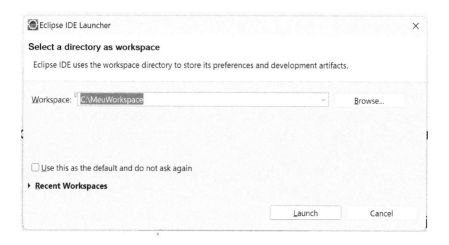 eclipse.exe .

3. Workspace

Ao iniciar o eclipse.exe , uma tela com a logo da IDE será apresentada (o que chamamos de *splash screen*). Em seguida, a tela abaixo é apresentada, onde solicita-se o caminho para o diretório do Workspace.

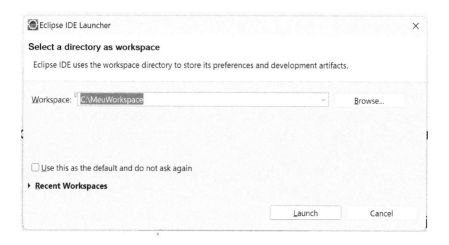

Nesta tela, o Workspace é o diretório C:\MeuWorkspace. Ao clicar no botão Launch, a IDE é iniciado considerando o Workspace informado. **Workspace, em tradução literal, espaço de trabalho, é a pasta que vai abrigar todas as pastas dos projetos Java criados na IDE Eclipse.**

No exemplo da próxima página, temos 2 workspaces. À esquerda, o MeuWorkspace, que dentro tem duas pastas, um para cada um dos projetos: Projeto1 e Projeto 2. Dentro de cada uma pasta dos projetos, temos os arquivos das classes Java. À direita, temos um outro Workspace intitulado Empresa A, que possui 3 projetos.

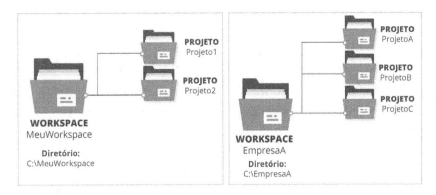

O Eclipse permite o conceito de múltiplos *workspaces*. **Para criar um novo Workspace, basta informar um diretório na caixa de texto ou eleger um diretório clicando em** Browse... . Agora, todos os novos projetos criados, estarão neste diretório associado ao *workspace*.

Complementarmente, **para abrir a IDE em um workspace existente, o procedimento é o mesmo**, bastando informar um diretório na caixa de texto ou eleger um diretório clicando em Browse... . **Se, este diretório informado já tiver sido usado como workspace, o Eclipse reconhece automaticamente.**

Quando, na tela de seleção de *workspace* é informado um, o Eclipse abre carregado com todos os projetos que estão dentro.

Um exemplo comum de organização do Eclipse é a criação de um *workspace* para um dado cliente e, dentro abrigar todos os projetos. Para alunos, podemos ter dois *workspace*, um para os projetos da faculdade e outro para os projetos do estágio ou emprego.

Enfim, não tem uma regra, mas não crie trocentos! Pois, quando fazemos alguma customização na IDE, esta é atrelada ao *Workspace*, de forma que, àquela sua customização que você amou, você precisa refazer em quantos *workspace* tivermos.

Você deve ter notado que, a tela de seleção de *workspace* é apresentada ao abrir a IDE. Entretanto, é possível transitar entre os *workspaces* sem ter que fechar a IDE. Basta ir ao menu File, eleger Switch Workspace e clicar em Other. Ao informar o *workspace* de destino o Eclipse reinicia automaticamente.

Como experiência minha, eu atualmente tenho 2 *workspaces*, um para projetos acadêmicos e outro para projetos profissionais. E, em cada um dos workspaces, eu os organizado ainda mais usando o conceito de Working Set, assunto discutido na seção 12 deste capítulo, não perca!

4. Perspectivas e Visões

Ao abrir algum *Workspace*, uma tela parecida como a seguir será apresentada. Note que, temos uma série de abas (todas destacadas por um sublinhado). **Tais abas na terminologia do Eclipse se chamam Visões (Views).** Note que, a View à esquerda intitulada "Project Explorer" relaciona todos os projetos que estão dentro do Workspace (destacado no quadrado à esquerda). Neste exemplo, não tem nenhum projeto no Workspace (veja o texto "There are no projects in your workspace").

Um dos grandes destaques desta IDE é o fato de sua arquitetura ter sido criada baseada em *plugins*, que permite adicionar ainda mais funcionalidades e ampliar entre outras, as funções gráficas.

Esta versatilidade é feita com uso de perspectivas. **Perspectivas é um conjunto de views para um determinado propósito.** A perspectiva em funcionamento do eclipse é a 🔲 (referente a Java EE), observado em função do plano de fundo do ícone estar preenchido de azul claro. Para escolher uma outra perspectiva, basta clicar no botão 🔲.

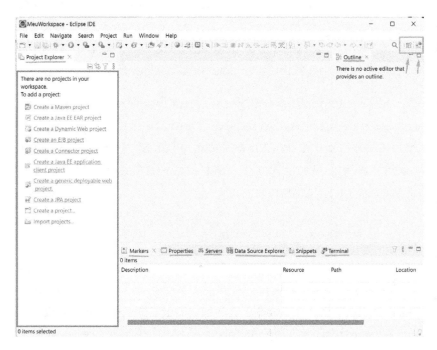

Agora que estamos apresentados à interface do Eclipse, clique no botão 🔲 para escolhermos uma nova perspectiva. Na tela apresentada, selecione 🔲 Java e clique no botão Open. Note que, em razão da mudança da perspectiva, as *views* mudaram. Não apenas elas, veja também que até as opções do menu também mudaram (vejam o menu ᶠⁱˡᵉ e submenu ᴺᵉʷ).

A perspectiva 🔲 Java é a recomendada para as atividades desempenhadas neste livro.

4.1 Visão (View) Task

Quando escolhemos uma perspectiva como a 🍵 Java , podemos fechar as *views* abertas clicando no ✕ de cada *view*. Para reabrir uma view fechada ou escolher uma nova view, vamos ao menu <u>W</u>indow, clicamos no submenu Show View e escolher a sua view.

Imagine que, estamos criando várias classes e precisamos criar lembretes para ações como problemas, pontos de ação, atividades restantes, itens pendentes, entre outros. Comumente, os desenvolvedores não conhecedores do Eclipse, "metem" comentários como o exemplo abaixo. Mas, isso é fácil de se esquecer, concorda?

```
1   class HelloWorld {
2       public static void main(String[] args) {
3           //falta implementação do método main
4       }
5   }
```

Para situações como essa, uma view muito bacana é a 📋 Tasks.

A partir de agora, em todos os seus lembretes, devem ser incluídos em comentários de linha única iniciado com a palavra TODO (que na verdade é TO DO sem o espaço, em tradução, a ser feito, remetendo à uma tarefa, que em inglês, significa *Tasks*, nome da view). A seguir, na linha 5, criamos uma Task chamada "criar vars e métodos".

```
J Conta.java ×
1  package projeto1;
2
3  public class Conta {
4
5      //TODO criar vars e métodos
6  }
7
```

Este tipo de comentário pode ser feito sempre que for necessário para recordar alguma tarefa. Para verificar todas as tarefas criadas no Workspace, basta ir à view Tasks, apresentada a seguir. Note que, a tarefa criada anteriormente é listada adequadamente.

	Description	Resource	Path	Location	Type
!	TODO criar vars e métodos	Conta.java	/projeto1/src/projeto1	line 5	Java Task

Problems @ Javadoc Declaration Tasks ×

1 items

Esta lista te ajuda a manter o controle do que tem que fazer, podendo relacionar tarefas, locais de bugs ou qualquer coisa que eu queira em um local e visualização central.

5. Criando Projetos e Classes

Agora vamos criar projetos usando a IDE. Basta ir ao menu File, selecionar o submenu New e encerrar clicando na opção Java Project. Ao clicar, a tela a seguir é apresentada. No campo "Project name" (nome do projeto), devemos informar o nome do projeto sem espaços.

Na seção JRE, selecione uma JRE a ser adotada ou, escolha a última opção, que a JRE padrão será escolhida. Para confirmar a criação do projeto, clique em Finish . Após isto, o projeto1 será criado no Workspace, conforme imagem a seguir.

Imagine um Workspace com diversos projetos abertos. Este cenário pode culminar em um alto uso de memória do computador, tornando-o lento. Neste sentido, o Eclipse permite você fechar projetos que não estão em uso. Fechar o torna momentaneamente indisponível, não apaga absolutamente nada. Para isto, botão direito no projeto a ser fechado e clique em Close Project . Quando necessitar usá-lo novamente, basta botão direito no projeto e Open Project .

Para criar itens de um projeto, como classes, interfaces, enumerations, etc, basta clicar com o botão direito na pasta 🗁 src, selecionar New e depois escolher entre: 🏷 Package, Ⓒ Class, Ⓒ Enum, entre outros. Para criar uma classe, selecione Ⓒ Class e a tela a seguir será apresentada.

New Java Class		—	□	×

Java Class
Create a new Java class.

Source folder:	projeto1/src	Browse...
Package:	projeto1	Browse...
☐ Enclosing type:		Browse...
Name:	Conta	
Modifiers:	⦿ public ◯ package ◯ private ◯ protected	
	☐ abstract ☐ final ☐ static	
	⦿ none ◯ sealed ◯ non-sealed ◯ final	
Superclass:	java.lang.Object	Browse...
Interfaces:		Add...
		Remove

Which method stubs would you like to create?
    ☐ public static void main(String[] args)
    ☐ Constructors from superclass
    ☑ Inherited abstract methods
Do you want to add comments? (Configure templates and default value here)
    ☐ Generate comments

ⓘ		Finish	Cancel

No campo package, preencheremos com o pacote, tema que será discutido no capítulo 5. Posteriormente, devemos preencher o nome da classe a ser criada que, conforme vimos, deve por convenção, começar com maiúsculo. A seguir, para encerrar, vamos clicar em [Finish].

Importando Projeto

Se você baixou um projeto, para importa-lo no Eclipse, temos que fazer os seguintes procedimentos. No menu `File`, clique na opção `Import...`, depois `General` e por fim, em `Existing Projects into Workspace`. Na tela que é apresentada, clique em `Browse...`, selecione a pasta do projeto a ser importado e ao fim, clique em `Finish`. Pronto, projeto importado ☺

6. Geração de Código

Para geração de código, o Eclipse é uma verdadeira mão na roda. Para os exemplos a seguir, considere a classe Conta abaixo com 4 variáveis de instância.

```
1  package projeto1;
2
3  public class Conta {
4
5      private int numeroAgencia;
6      private int numeroConta;
7      private String titular;
8      private double saldo;
9  }
```

Geração de Getters e Setters

Para gerar os getters e setters, basta realizar uma das operações:

- Atalho `Alt` + `Shift` + `S` e selecionar
  Generate Getters and Setters... ; ou

- Botão direito na área em branca da classe, clica no menu
  Source e depois no submenu
  Generate Getters and Setters... .

Ao clicar em Generate Getters and Setters... , a tela a seguir
é apresentada. Caso queira gerar getters e setters para todos
os atributos, basta clicar em `Select All` e confirmar no botão
`Generate` . Pronto, gerado 🔄

Generate Getters and Setters	— □ ✕

Select getters and setters to create:

> ☐ ▫ numeroAgencia	Select All
> ☐ ▫ numeroConta	Deselect All
> ☐ ▫ saldo	Select Getters
> ☐ ▫ titular	Select Setters

☐ Allow setters for final fields (remove 'final' modifier from fields if necessary)

Insertion point:

After 'saldo' ⌄

Sort by:

Fields in getter/setter pairs ⌄

Access modifier

◉ public ○ protected ○ package ○ private
☐ final ☐ synchronized

☐ Generate method comments

The format of the getters/setters may be configured on the Code Templates preference page.

⑦ Generate Cancel

Geração de Construtores

Para gerar um construtor, basta realizar uma das operações:

- Atalho `Alt` + `Shift` + `S` e selecionar
  Generate Constructor using Fields... ; ou

- Botão direito na área em branca da classe, clica no meu Source e
  depois no submenu Generate Constructor using Fields... .

Ao clicar em Generate Constructor using Fields... , uma tela é apresentada, devendo eleger quais campos serão usados para gerar o construtor. Uma vez escolhidos, clique no botão `Generate` . Pronto, gerado ☺. PS: Se você quiser 1 construtor com 4 campos e 1 construtor com 3 campos, precisamos repetir os procedimentos supracitados duas vezes, um para cada construtor.

Geração de Construtor Padrão (Default)

Para gerar um construtor padrão (default), basta realizar as operações descritas acima e, não eleger nenhum campo e clicar no botão `Generate` . Alternativamente, podemos na classe, na área útil dentro da classe, fazer o comando `Ctrl` + `SPACE` e selecionar a opção Conta() - Constructor usando clique ou a tecla `Enter` .

Outras Opções

Ao executar o atalho `Alt` + `Shift` + `S` , podemos temos algumas operações interessantes de geração:

- A opção Generate hashCode() and equals()... gera os métodos hashCode e equals baseado nas variáveis selecionadas; e

- A opção **Generate toString()...** gera o método toString com base nas variáveis selecionadas.

7. Como usar Dependências Externas

Em Java, temos bibliotecas e *frameworks* (em geral, dependência) para os mais diversos usos. Nesta seção, me dedico a explicar como usar tais dependências em um projeto Java com a IDE Eclipse.

Na seção anterior, vimos como é fácil gerar os nossos getters e setters usando o Eclipse. Entretanto, existe uma biblioteca amplamente usada intitulada Lombok que facilita ainda mais este processo.

Para entender como usar dependências externas, usaremos o Lombok como um exemplo.

7.1 Exemplo do Uso do Lombok

O primeiro passo é baixar a dependência externa, que é basicamente arquivos com extensão .jar, onde JAR significa *Java Archive*. Para baixar o Lombok, basta acessar o endereço: https://projectlombok.org/download.

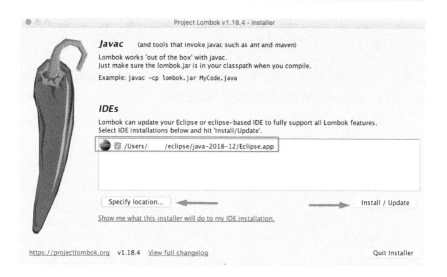

Instalação do Lombok

Para usar o Lombok, precisamos instalá-lo para poder que ele seja reconhecido na IDE (Eclipse ou qualquer outra). Faça um duplo clique no arquivo lombok.jar baixado e a tela a seguir será apresentada.

Caso o Lombok detecte automaticamente a sua IDE (indicado no quadrado abaixo), basta apenas clicar no botão "Install / Update" e depois em "Quit Installer". Caso não tenha detectado, clique em "Specify Location" e informe a pasta raiz da sua IDE. Posteriormente, basta apenas clicar no botão "Install / Update" e depois em "Quit Installer". Este passo é particular ao Lombok, não acontece com 99% das outras dependências.

Agora, com o Lombok instalado, para usá-lo, faça os procedimentos indicados na imagem a seguir.

ADICIONAR DEPENDÊNCIAS EXTERNAS NO ECLIPSE

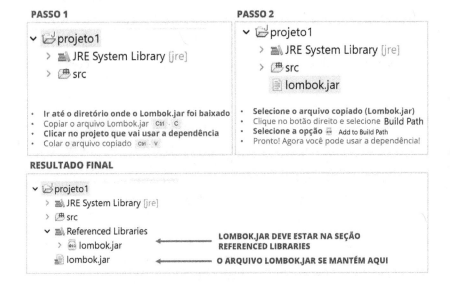

PASSO 1

∨ 📂 projeto1
  › 📚 JRE System Library [jre]
  › 📁 src

- Ir até o diretório onde o **Lombok.jar** foi baixado
- Copiar o arquivo Lombok.jar `Ctrl` `C`
- **Clicar no projeto que vai usar a dependência**
- Colar o arquivo copiado `Ctrl` `V`

PASSO 2

∨ 📂 projeto1
  › 📚 JRE System Library [jre]
  › 📁 src
    📄 lombok.jar

- Selecione o arquivo copiado (Lombok.jar)
- Clique no botão direito e selecione **Build Path**
- **Selecione a opção** 🔧 Add to Build Path
- Pronto! Agora você pode usar a dependência!

RESULTADO FINAL

∨ 📂 projeto1
  › 📚 JRE System Library [jre]
  › 📁 src
  ∨ 📚 Referenced Libraries
    › 🗄 lombok.jar ⟵ **LOMBOK.JAR DEVE ESTAR NA SEÇÃO REFERENCED LIBRARIES**
    📄 lombok.jar ⟵ **O ARQUIVO LOMBOK.JAR SE MANTÉM AQUI**

O Lombok é espetacular e, aqui vou apenas mostrar a pontinha do iceberg. Tenho um material específico de Lombok que pode ser encontrado no meu site.

Com base na classe Conta criada anteriormente, inicialmente remova construtores, getters e setters gerados pelo Eclipse. Entre a definição da classe e da definição do pacote, insira as 3 anotações: @Data @NoArgsConstructor @AllArgsConstructor. O resultado deve ser o seguinte:

```
1  package projeto1;
2
3  @Data @NoArgsConstructor @AllArgsConstructor
4  public class Conta {
5
6      private int numeroAgencia;
7      private int numeroConta;
8      private String titular;
9      private double saldo;
10 }
```

Quando usamos outras classes de outros pacotes ou externas (i.e., em arquivos .Jar), como veremos no próximo capítulo, podemos precisar usar o import. O eclipse te ajuda a colocar os imports necessários. Com base no código da página anterior, faça o seguinte comando `Ctrl` . `Shift` . `O` , que os imports serão inseridos e o resultado deverá ser o abaixo.

```
1 package projeto1;
2
3 import lombok.AllArgsConstructor;
4 import lombok.Data;
5 import lombok.NoArgsConstructor;
6
7 @Data @NoArgsConstructor @AllArgsConstructor
8 public class Conta {
9
10     private int numeroAgencia;
11     private int numeroConta;
12     private String titular;
13     private double saldo;
14 }
```

Com uso destas anotações, mágicas acontecem. A anotação @AllArgsConstructor faz com que seja gerado um construtor completo (com base nas 4 variáveis de instância entre as linhas 10 e 13). A anotação @NoArgsConstructor gera o construtor vazio. Por fim, a anotação @Data gera os getters e setters para as 4 variáveis de instância, toString com base nas 4 variáveis de instância e os métodos hashCode e equals.

Oush, mas não estou vendo tudo que está gerado! Isso, não fica visível mesmo, mas está "por baixo dos panos". Acaba deixando o código mais limpo e focado em códigos menos *boilerplate* (google it!).

8. Teclas de Atalho

No Eclipse IDE temos teclas de atalho bem poderosas, cujas principais estão listadas a seguir. No **vídeo JAVA11**▢ detalhamos o uso, na prática, de cada uma destas teclas de atalho.

TECLAS DE ATALHO	AÇÃO
Ctrl . Shift . R	Abrir um Resource (Recurso)
Ctrl . PgDown Ctrl . PgUp	Navegar entre as Abas dos Arquivos Abertos
Ctrl . W Ctrl . Swift . W	Fechar Window (Janela) ou Todas as Janelas
Ctrl . O Ctrl . O . O	Exibe os métodos da classe atual. Se repetir este comando, exibe a hierarquia dos métodos.
Ctrl . 1	Correção rápida
Ctrl . Shift . F	Formatar um Código
Ctrl . SPACE	Code complete
Ctrl . Shift . O	Organize (Organizar) Imports (Coloca os imports necessários e retira os não usados)
Ctrl . /	Comenta linha atual
Alt . Shift . Z	Zeta Project. Envolve código com try/catch
F3	Mostra a declaração da variável
Ctrl . L	Direciona para determinada linha no código
Ctrl . D	Delete (exclui) a linha atual
Ctrl . M	Maximize/Minimize aba atual
Ctrl . F11 Alt . Shift . X . J	Executar (X = eXecution, J = Java Class)
Ctrl . Shift . I	Debug: Executa a função Inspect
F5 Step Into	Debug: Para na primeira linha de código do método que estamos executando
F6 Step Over	Debug: Segue para a próxima linha de código
F7 Step Return	Debug: Retorna a linha seguinte do método que chamou o método em depuração
F8 Resume	Debug: Segue com a execução até o próximo breakpoint (ou fim da execução)

9. Refactoring

Refactoring é uma prática no Desenvolvimento de Software, que envolve a reestruturação do código existente para melhorar sua qualidade, legibilidade, manutenção e desempenho, sem alterar seu comportamento externo.

A IDE Eclipse fornece várias funcionalidades embutidas para auxiliar no processo de refactoring, dentre elas:

- **Renomear (Rename):** Permite renomear variáveis, métodos, classes ou pacotes de forma consistente em todo o código. Para isso, você pode clicar com o botão direito do mouse no elemento a ser renomeado e selecionar a opção "Rename" no menu de contexto. O Eclipse atualiza automaticamente todas as ocorrências desse elemento no código;

- **Extrair método (Extract Method):** Permite extrair um trecho de código em um novo método. Para isso, você pode selecionar o trecho de código a ser extraído, clicar com o botão direito do mouse e selecionar a opção "Extract Method". A IDE criará um novo método e substituirá o código original pela chamada a esse método;

- **Mover (Move):** Permite mover classes ou pacotes para outros locais dentro do projeto. Para isso, você pode selecionar o elemento a ser movido, clicar com o botão direito do mouse e selecionar a opção "Move". Como resultado, o Eclipse atualizará automaticamente todas as referências a esse elemento.

- **Extrair interface (Extract Interface):** Permite extrair uma interface a partir de uma classe existente. Você pode selecionar a classe, clicar com o botão direito do mouse e selecionar a opção "Extract Interface". Como resultado, será criada uma nova interface com todos os métodos públicos da classe selecionada e atualizará as referências necessárias;

- **Extrair superclasse (Extract Superclass):** Permite extrair uma superclasse a partir de duas ou mais classes com código semelhante. Para isso, você pode selecionar as classes, clicar com o botão direito do mouse e selecionar a opção "Extract Superclass". Como resultado, o Eclipse criará uma nova superclasse contendo o código comum das classes selecionadas.

Essas são apenas algumas das técnicas de *refactoring* disponíveis. Ainda existem outras técnicas bem interessantes como inline, extract variable, extract constant, entre outras.

10. Depuração de Código

A depuração de código, também conhecida como *debugging*, se refere a um processo essencial durante o Desenvolvimento de Software, envolvendo a identificação e correção de erros (bugs) no código para garantir que o programa funcione conforme o esperado.

A depuração permite que você pause a execução do programa em pontos específicos e inspecione o estado do código em tempo de execução, como os valores das variáveis, fluxo de execução, pilha de chamadas, entre outros. Ainda é possível acompanhar a execução do programa através de pontos de interrupção definidos.

Os quatro passos para realizar um *debugging* são os seguintes:

1. **Estabelecendo pontos de interrupção (breakpoints):** Durante a depuração, é necessário pode definir pontos de interrupção (breakpoints) em linhas de código específicas.

   Quando o programa atinge um *breakpoint*, a execução é pausada e você pode examinar o estado do código nesse ponto, ajudando a verificar se os valores das variáveis estão corretos ou se o fluxo de execução está seguindo o esperado.

2. **Inspeção de variáveis:** Durante a depuração, opcionalmente, é possível inspecionar os valores das variáveis em tempo de execução. <u>O processo de inspeção permite identificar se os valores estão corretos ou se há algum erro na lógica do programa</u>. Usando o Eclipse, você pode visualizar o valor de uma variável em um determinado ponto de interrupção ou até mesmo modificar o valor temporariamente para testar diferentes cenários.

3. **Execução passo a passo:** Com o debugging, é possível executar o programa passo a passo, linha por linha, permitindo acompanhar o fluxo de execução e identificar exatamente onde ocorre um erro ou comportamento inesperado. Neste cenário, é possível avançar para a próxima linha, entrar em um método (*step into*), pular a execução de um método (*step over*) ou retornar de um método (*step out*).

4. Observação do estado da *call stack*: Durante a depuração, é possível visualizar a pilha de chamadas (call stack) do programa, mostrando a hierarquia de métodos e funções que foram chamados até o ponto de interrupção atual. Tal informação é valiosa para entender a sequência de execução e identificar possíveis erros de lógica ou chamadas incorretas de métodos.

A seguir, temos as principais teclas de atalho de debugging, que são detalhadas no **vídeo JAVA21**◻.

TECLAS DE ATALHO	AÇÃO
Ctrl + Shift + I	Inspect - Permite inspecionar o valor de uma variável em um ponto de interrupção ou durante a execução passo a passo.
F5 Step Into	Step Into - Permite entrar em um método, avançando uma linha de cada vez. Se houver uma chamada de método na linha atual, o depurador entrará nesse método.
F6 Step Over	Step Over - Permite avançar para a próxima linha de execução. Se houver uma chamada de método na linha atual, o depurador executará esse método completamente sem entrar nele.
F7 Step Return	Step Return - Permite retornar ao chamador anterior. Isso é útil quando você deseja sair de um método e retornar ao método que o chamou.
F8 Resume	Resume - Permite retomar a execução normal do programa após um ponto de interrupção, até atingir o próximo ponto de interrupção ou o término do programa.
Ctrl + Shift + B	Toggle Breakpoint - Permite definir ou remover um ponto de interrupção (breakpoint) em uma linha de código. Um ponto de interrupção é um local onde você deseja que a execução do programa seja pausada durante a depuração.
Ctrl + Shift + D	Display - Permite exibir o valor de uma expressão ou variável durante a depuração, mesmo sem um ponto de interrupção.

11. Geração de JavaDOC

Vimos nos capítulos anteriores como documentar JavaDOC. Nesta seção, explicaremos como usar o Eclipse IDE para exportar o JavaDOC. Para isso, vá ao menu File , selecione 🖾 Export..., na pasta 🖿 Java e clique em 🖺 Javadoc. A tela a seguir é apresentada.

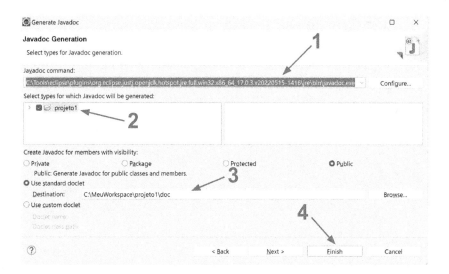

Na tela acima, na seta 1, você deve indicar o arquivo "javadoc. exe", que está dentro do seu Java (JDK). Na seta 2, devemos selecionar o projeto que terá o JavaDOC gerado, enquanto que, na seta 3, indicamos uma pasta para exportar os JavaDOC (em geral, uma pasta DOC dentro do projeto). Por fim, clicamos em Finish (seta 4) para confirmar a geração.

12. Usando Working Set

Working Sets (em tradução, Conjuntos de Trabalho) na IDE Eclipse traz benefícios significativos para a **organização e navegação de projetos**.

Working Sets permitem agrupar e exibir apenas os recursos relevantes de um projeto, como arquivos e pastas, em vez de mostrar toda a estrutura do projeto, ajudando a reduzir a desorganização visual e simplificar a visualização do código, tornando mais fácil encontrar e trabalhar com os arquivos necessários.

Working Set é como se fosse uma pasta que agrupa projetos dentro de um Workspace.

No exemplo abaixo podemos ver que temos a lista dos projetos no Workspace sem uso do Working Set. A seguir, por sua vez, temos os projetos agrupados com Working Set, sendo eles: Android, Collage e Other Projects (quando não tem Working Set associado).

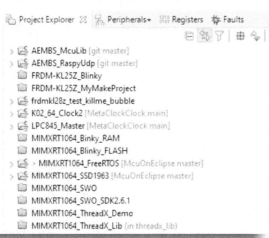

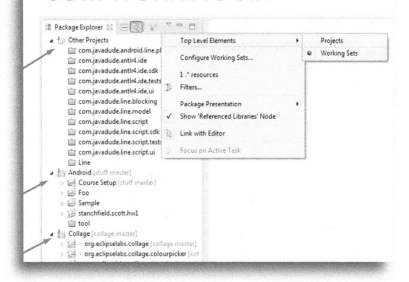

No **vídeo JAVA12**⬚ detalhamos o uso na prática o uso de Working Set. Uma pergunta que poderia fazer é: "Por que, ao invés de usar vários *Working Set* em 1 *Workspace*, por que não criamos vários Workspaces sem Working Set?". A resposta é que, as customizações são feitas com base em um Workspace, de modo que, se você tiver vários Workspaces, terá que refazer esta customização para cada Workspace.

> ### Show Local History
>
> Imagine a situação em que, você escreveu uma classe Conta e estava tudo funcionando adequadamente. E, depois você fez algumas alterações e de repente, passa a apresentar problemas. No Eclipse, existe um histórico de todos os arquivos. Ou seja, **toda vez que você salva um arquivo do seu projeto, este é colocado em um histórico interno**, nada relacionado a controle de versões como Git. Para acessar este histórico interno, com a classe aberta, clique com botão direito sobre a área em branco, clique na opção Team e depois em Show Local History. Uma view chamada History será apresentada com todo o histórico deste arquivo, que pode ser qualquer recurso do projeto. Ainda vai salvar você de alguma bronca, não esqueça!

13. IDE IntelliJ IDEA

Nos últimos anos, o IntelliJ vem abocanhando um grande mercado e, ao lado do Eclipse, são as IDEs mais usadas para o desenvolvimento com Java. Por isso, dediquei uma subseção para apresenta-la.

O IntelliJ possui duas versões: *Ultimate* (Paga) e *Community Edition* (Gratuita). Esta última versão, que é gratuita, atende a ampla maioria das necessidades. Os procedimentos para instalação desta IDE estão descritos no *link* https://www.jetbrains.com/help/idea/installation-guide.html

Para apresentar o IntellIJ Idea, vamos fazer comparações com o Eclipse. Abaixo, iniciamos com um comparativo entre as duas IDEs:

Eclipse	IntelliJ IDEA
Workspace	Project
Project	Module
Facet	Facet
Library	Library
JRE	SDK
Classpath variable	Path variable

Fonte: https://www.jetbrains.com/help/idea/migrating-from-eclipse-to-
-intellij-idea.html

A primeira grande mudança é que não temos no Intellij o conceito de Workspace e Perspectiva. Ao invés de Workspace, trabalhamos com apenas um projeto por vez e, ao invés de termos perspectivas, tudo o que vamos precisar está lá e podemos abrir qualquer número de abas do editor em uma janela separada.

Com relação aos atalhos, o Intellij Idea possui diferentes, entretanto, **é possível fazer com que o Intellij Idea siga os mesmos atalhos do Eclipse**, o que é excelente para saber as duas IDEs. Para fazer o procedimento, clique no menu File, opção Setting e clique em Keymap. Na tela que será aberta, selecione Eclipse.

As regras de formatação de código do IntelliJ IDEA são semelhantes ao Eclipse IDE com algumas pequenas diferenças. Para importar a configuração do Eclipse Code Formatter, faça o seguinte:

Acesse o menu File, depois opção Setting, Editor, Code Style e selecione Java. A seguir, selecione Java em Import Scheme.

Para maiores detalhes, deixo alguns links:

https://www.youtube.com/watch?v=RaNlYBuP4Yw&t=342s

https://www.jrebel.com/blog/intellij-idea-tutorial https://www.jrebel.com/sites/rebel/files/pdfs/getting-started-with-intellij-idea-as-an-eclipse-user.pdf

https://trishagee.com/resources/intellij_for_eclipse_users/

https://www.javatpoint.com/intellij-idea-migrating-from-eclipse

Pacotes, Listas e Bankv1

Capítulo 5

Recomendações Para Este Capítulo

Para melhor aproveitamento deste capítulo, assista ao **vídeo JAVA13** **antes da leitura** para facilitar a compreensão dos assuntos que serão apresentados neste capítulo. Durante a leitura, siga o seu **plano de estudos**, **beba bastante água** e tenha em mãos o **guia de referência rápida** referente ao capítulo (arquivo **JAVA14**).

1. Pacotes

Em nossos computadores, temos diversos arquivos e usamos as pastas para organizar tais arquivos de forma lógica e estruturada, seguindo um critério comum. Por exemplo, podemos ter uma pasta chamada "Disciplina de Python", que agrupa todos os arquivos relacionados à disciplina de Python.

De maneira análoga, imagine centenas de classes (que no fim, são arquivos com extensão .java para o código fonte e .class para os compilados) sem nenhuma organização. É nesta situação que entra os <u>pacotes (em inglês, *package*), atuando como pastas para organizar todos componentes de um programa em Java</u>.

Os pacotes atuam de maneira hierárquica para organizar as classes e demais componentes de um programa em Java.

Imagine um programa chamado **terminal** para um importante banco hispano-brasileiro chamado AbellaBank, cujo do site é www.abellabank.com.br. Este programa possui hipoteticamente duas classes: Conta e Usuario, referentes a duas funcionalidades diferentes.

A seguir temos uma imagem com uma explicação de como podemos aplicar pacotes neste projeto. No quadrante "sem pacotes", temos um exemplo de um projeto com diversas classes, todas sem pacote, para você ver como é desorganizado. <u>Quando uma classe não tem pacote, o que é não recomendável, dizemos que ela está no _default package_</u>.

Para definir o pacote, na primeira linha do código, colocamos <u>package <nome-do-pacote>;</u> No quadrante à esquerda intitulado "código fonte", temos as duas classes do nosso sistema.

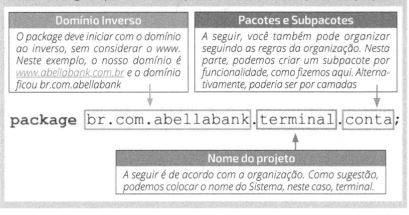

Convenção para Packages

De acordo com a convenção Java, os nomes dos pacotes devem ser escritos em letras minúsculas, usando nomenclatura em estilo camelCase, na qual os nomes devem ser descritivos, representando o propósito ou domínio do código contido no pacote, e a estrutura hierárquica deve refletir a organização dos componentes do projeto.

Geralmente, conforme imagem a seguir, adotamos a convenção de nomenclatura em estilo de domínio reverso, começando com o domínio da empresa invertido, seguido por subníveis representando diferentes partes do projeto.

Domínio Inverso	Pacotes e Subpacotes
O package deve iniciar com o domínio ao inverso, sem considerar o www. Neste exemplo, o nosso domínio é www.abellabank.com.br e o domínio ficou br.com.abellabank	_A seguir, você também pode organizar seguindo as regras da organização. Nesta parte, podemos criar um subpacote por funcionalidade, como fizemos aqui. Alternativamente, poderia ser por camadas_

```
package br.com.abellabank.terminal.conta;
```

Nome do projeto

A seguir é de acordo com a organização. Como sugestão, podemos colocar o nome do Sistema, neste caso, terminal.

A classe Conta, a sua primeira linha temos
`package` `br.com.abellabank.terminal.conta;` .

Isto indica que, a classe Conta.java está armazenada na seguinte pasta:

C:\MeuWorkspace\terminal\src\br\com\abellabank\terminal\conta ,

onde:

- C:\MeuWorkspace é a pasta do meu workspace;

- .terminal é a pasta do projeto que foi criada (que está dentro do workspace);

- src (abreviação de *source*, em português, fonte) é a pasta que o eclipse cria, dentro de cada projeto, para abrigar o código fonte;

- a partir daqui, o pacote
  `br.com.abellabank.terminal.conta` se transformará em uma pasta br, que dentro tem uma pasta com, que dentro tem a pasta abellabank, que dentro tem a pasta terminal, que dentro tem a pasta conta, que dentro tem a classe Conta.java conforme a imagem
  br\com\abellabank\terminal\conta .

O mesmo funcionamento da classe Conta se aplica a classe Usuario.

PACOTES (PACKAGES) EM JAVA

SEM PACOTES

```
∨ 📁 projeto1
  > 🗁 JRE System Library [jre]
  ∨ 🗁 src
    ∨ ⊞ (default package) ⟵
      > 🗋 Class2.java
      > 🗋 Class3.java
      > 🗋 Class4.java
      > 🗋 Class5.java
      > 🗋 Class6.java
      > 🗋 Class7.java
      > 🗋 Class8.java
      > 🗋 Conta.java
  > 🗁 Referenced Libraries
    🗋 lombok.jar
```

COM PACOTES – MODO DE VISUALIZAÇÃO HIERARCHICAL

```
📁 terminal
  > 🗁 JRE System Library [jre]
  ∨ 🗁 src
    ∨ ⊞ br.com.abellabank.terminal
      ∨ ⊞ conta
        > 🗋 Conta.java
      ∨ ⊞ usuario
        > 🗋 Usuario.java
  > 🗁 Referenced Libraries
    🗋 lombok.jar
```

COMO CONFIGURAR ESTE MODO DE VISUALIZAÇÃO NO ECLIPSE:

- Clique no ícone de 3 pontos indicado a seguir

- Selecione a opção **Package Presentation**
- Clique em 🗁 Hierarchical

CÓDIGO FONTE

```
package br.com.abellabank.terminal.conta;
public class Conta { ... }
```
```
C:\MeuWorkspace\projeto1\src\br\com\abellabank\terminal\conta
    Conta.java
```

```
package br.com.abellabank.terminal.usuario;
public class Usuario { ... }
```
```
C:\MeuWorkspace\projeto1\src\br\com\abellabank\terminal\usuario
    Usuario.java
```

COM PACOTES – MODO DE VISUALIZAÇÃO FLAT

```
📁 terminal
  > 🗁 JRE System Library [jre]
  ∨ 🗁 src
    ∨ ⊞ br.com.abellabank.terminal.conta
      > 🗋 Conta.java
    ∨ ⊞ br.com.abellabank.terminal.usuario
      > 🗋 Usuario.java
  > 🗁 Referenced Libraries
    🗋 lombok.jar
```

COMO CONFIGURAR ESTE MODO DE VISUALIZAÇÃO NO ECLIPSE:

- Clique no ícone de 3 pontos indicado a seguir

- Selecione a opção **Package Presentation**
- Clique em 🗁 Flat

Packages ajuda a manter seu código organizado, facilitando a navegação e a manutenção.

IDE Eclipse possui duas maneiras de visualizar as classes dentro de um pacote: *hierarchical* (em tradução, hierárquica) e flat (em tradução, plana). Na imagem da página anterior, estão descritos os passos de configuração de cada uma das visualizações.

Na visualização flat, os pacotes são exibidos em uma estrutura plana como remete o nome, onde todos os pacotes estão no mesmo nível hierárquico, independentemente de suas relações, sendo listados em ordem alfabética e não há nenhuma organização hierárquica entre eles.

Complementarmente, na visualização *hierarchical*, os pacotes são exibidos em uma estrutura hierárquica como remete o nome, que reflete a organização dos pacotes em níveis e subníveis, basicamente uma árvore, onde os pacotes pais são expansíveis para mostrar os pacotes filhos. Essa visualização é útil para projetos maiores, onde a estrutura de pacotes é mais complexa e hierárquica.

Muito importante agora! Como veremos mais à frente, as classes podem possuir dois modificadores public e default.

Quando usamos pacotes, uma classe com modificador default, ela só pode ser usada por classes do mesmo pacote, ou seja, classes de outro pacote não a podem mais usar (isto é, instanciar, por exemplo). Por outro lado, classes com modificador public, podem ser usadas por qualquer classe do mesmo pacote, bem como de outros pacotes, mas com uso de import, assunto da próxima seção.

2. Imports

Como vimos na seção anterior, **para usarmos classes com modificador public de outros pacotes, precisamos usar import**.

Para entendermos melhor o funcionamento, vamos tomar como base a imagem a seguir. À direita, temos o projeto que vamos tomar como exemplo. Inicialmente, a IDE Eclipse nos dá um help, ajudando a identificar qual classe tem modificador public, indicado com ▣ e qual tem modificador default (*package*), indicado com ▣.

USO DO IMPORT

PACOTE 1 BR.COM.ABELLABANK.CONTA

> ⊞ br.com.abellabank.terminal.conta
> > ▣ Classe1.java
> > ▣ Classe2.java
> > ▣ Classe3.java
> > ▣ Classe4.java

- As classes Classe3 e Classe4 <u>só podem ser usadas aqui neste pacote</u> (br.com.abellabank.terminal.conta).
- As classes Classe1 e Classe2 podem ser usadas em outros pacotes, mas mediante import
- Neste pacote, podemos, com import, por exemplo, usar as classes ClasseA e ClasseB do pacote abaixo

LEGENDA ▣ CLASSE PÚBLICA   ▣ CLASSE DEFAULT (PADRÃO)

PACOTE 2 BR.COM.ABELLABANK.USUARIO

> ⊞ br.com.abellabank.terminal.usuario
> > ▣ ClasseA.java
> > ▣ ClasseB.java
> > ▣ ClasseC.java
> > ▣ ClasseD.java

- As classes ClasseC e ClasseD <u>só podem ser usadas aqui neste pacote</u> (br.com.abellabank.terminal.usuario).
- As classes ClasseA e ClasseB podem ser usadas em outros pacotes, mas mediante import
- Neste pacote, podemos, com import, por exemplo, usar as classes Classe1 e Classe 2 do pacote acima

PROJETO

> ⌄ 🗁 terminal
> > ⦙ JRE System Library [jre]
> > ⌄ 🗁 src
> > > ⌄ ⊞ br.com.abellabank.terminal.conta
> > > > ▣ Classe1.java
> > > > ▣ Classe2.java
> > > > ▣ Classe3.java
> > > > ▣ Classe4.java
> > > ⌄ ⊞ br.com.abellabank.terminal.usuario
> > > > ▣ ClasseA.java
> > > > ▣ ClasseB.java
> > > > ▣ ClasseC.java
> > > > ▣ ClasseD.java

Considerando para análise o pacote

⊞ br.com.abellabank.terminal.conta , as classes Classe3 e Classe4, por possuírem modificador *default*, podem ser apenas vistas e por consequência usadas apenas nas 4 classes do pacote, isto é, Classe1, Classe2, Classe3 e Classe4. Por outro lado, as classes Classe1 e Classe2 podem ser usadas no mesmo pacote sem necessidade de *import* e, para serem usadas em outros pacotes, apenas mediante import.

De maneira análoga, considerando o outro pacote ⊞ br.com.abellabank.terminal.usuario, as classes ClasseC e ClasseD, com modificador default, podem ser apenas usadas neste pacote. Enquanto que, as classes ClasseA e ClasseB, com modificador public, podem ser usadas por todas as classes do pacote sem import e por outros pacotes com import.

Em resumo, temos que (leia 3x):

- Classes com modificador *default* (*package*) só podem ser usadas (em geral, instanciadas) de classes do mesmo pacote, porém podem usar outras classes default e public do mesmo pacote sem import e classes public de outros pacotes mediante import;

- Classes com modificador *public* podem ser usadas (em geral, instanciadas) por classes do mesmo pacote (independente do modificador) sem import e podem usar outras classes default e public do mesmo pacote sem import e classes public de outros pacotes mediante import.

Agora que entendemos quando uma classe pode/precisa ser importada, vamos entender na prática o funcionamento.

No exemplo a seguir, note que, entre as linhas 10 e 13, instanciamos as classes Classe1, Classe2, Classe3 e Classe4 sem necessidade de import, pois estão todas no mesmo pacote. Por outro lado, para instanciar as classes ClasseA e ClasseB, precisamos de um import, pois são classes public em outro pacote. As classes ClasseC e ClasseD não podem ser importadas/usadas de nenhuma maneira, pois possuem modificador default (package) e estão em outro pacote.

```
1  package br.com.abellabank.terminal.conta;
2
3  import br.com.abellabank.terminal.usuario.ClasseA;
4  import br.com.abellabank.terminal.usuario.ClasseB;
5
6  public class Classe1 {
7
8      public static void main(String[] args) {
9
10          Classe1 instanciaClasse1 = new Classe1();
11          Classe2 instanciaClasse2 = new Classe2();
12          Classe3 instanciaClasse3 = new Classe3();
13          Classe4 instanciaClasse4 = new Classe4();
14
15          ClasseA instanciaClasseA = new ClasseA();
16          ClasseB instanciaClasseB = new ClasseB();
17      }
18 }
```

Como vimos no exemplo acima, para usar as ClasseA e ClasseB, fizemos dois imports. Como estas duas classes estão no mesmo pacote, existe uma maneira de importar todas as classes public (e demais componentes public) de um pacote. Vejamos o exemplo a seguir, onde na linha 3, ao usar o asterisco, importamos tudo que está no pacote br.com.abellabank.terminal.usuario.

```
1 package br.com.abellabank.terminal.conta;
2
3 import br.com.abellabank.terminal.usuario.*;
4
5 public class Classe1 {
6
7     public static void main(String[] args) {
8
9         Classe1 instanciaClasse1 = new Classe1();
10        Classe2 instanciaClasse2 = new Classe2();
11        Classe3 instanciaClasse3 = new Classe3();
12        Classe4 instanciaClasse4 = new Classe4();
13
14        ClasseA instanciaClasseA = new ClasseA();
15        ClasseB instanciaClasseB = new ClasseB();
16     }
17 }
```

Desta maneira, verificamos que, existem duas formas comuns de import em Java:

- **Import de classe individual:** Usado quando você deseja importar apenas uma classe public específica de um pacote;

- **Import de pacote inteiro:** Usado quando você seja importar todos os componentes (como classes) de um pacote.

Por fim, não muito comum, mas existe a possibilidade de não usarmos o *import* diretamente, mas usar a classe informando o seu nome totalmente qualificado (em inglês, *Full Qualified Name* – FQN), que é a junção do pacote com o nome da classe. Para entendimento, o FQN da nossa Classe1 seria br.com.abellabank. termina.conta.Classe1. No exemplo a seguir, à esquerda, temos o uso comum com imports, enquanto que à direita, não temos imports e informamos o FQN.

```java
package br.com.abellabank.terminal.conta;

import java.util.ArrayList;

public class Classe2 {

    public static void main(String[] args) {

        ArrayList meuArrayList = new ArrayList();
    }
}
```

```java
package br.com.abellabank.terminal.conta;

public class Classe2 {

    public static void main(String[] args) {

        java.util.ArrayList meuArrayList = new java.util.ArrayList();
    }
}
```

Naturalmente, a opção à esquerda (usando imports) é a mais adotada, entretanto, existe espaço para uso da opção à direita (sem imports com FQN), quando tempos conflito de nomes entre duas classes com o mesmo nome em pacotes diferentes. E, usar o nome totalmente qualificado evita ambiguidades.

Em um cenário que, na ClasseA você vai usar 2 instâncias da classe List (uma do pacote java.util.List e outra do pacote java.awt.List) usar import e FQN pode contribuir para evitar conflitos.

Como assunto adicional, recomendo que estudem *import static* em algum dos materiais a seguir:

- https://www.geeksforgeeks.org/static-import-java/
- https://acervolima.com/importacao-estatica-em-java/

3. Coleções (Collections) em Java

Collections vem desde os primórdios do Java e segue bastante utilizado. Entretanto, vamos entender em que cenário aplicados este novo conhecimento.

Imagine que você tem uma coleção de diferentes objetos, mais especificamente de lápis e canetas, sendo necessário agrupar tais elementos para posterior acesso e manipulação. Uma maneira de fazer isso é usando diferentes recipientes, como no exemplo da imagem a seguir, que temos duas bandejas.

OPÇÃO UM
BANDEJA SEM DIVISÓRIAS

OPÇÃO DOIS
BANDEJA COM DIVISÓRIAS

A primeira delas, sem divisórias, guarda todos os elementos, mas não mantém uma ordem (quem chegou primeiro, fica no início da bandeja, por exemplo). Por outro lado, a opção com divisórias, conseguimos definir uma ordem, pois colocamos os elementos na ordem que forem chegando. Desta maneira, se alguém pedir o primeiro elemento recebido, a opção com divisórias será a melhor opção.

Em programação, as estruturas de dados são como esses recipientes que nos ajudam a organizar e armazenar dados, onde cada estrutura, assim como as bandejas, tem suas próprias características que facilitam o acesso e a manipulação dos dados. Ou seja, não existe uma melhor ou pior, mas a que, baseado nas suas características, atendam à sua necessidade.

As estruturas de dados, complementarmente, além de armazenar, fornecem operações comuns, como inserção, busca, remoção e ordenação dos dados.

Collections é a forma que o Java disponibiliza, via biblioteca, diversas estruturas de dados prontas para uso. Algumas das principais Collections em Java incluem ArrayList, LinkedList, HashSet, TreeSet, HashMap e TreeMap, entre outras. Na seção a seguir, descreveremos a Collection mais usada, a ArrayList.

Na seção a seguir, apresentaremos o conceito de Arrays, que não é uma Collections, mas um conhecimento essencial em Java e que amparar todo o conhecimento sobre Collections.

3.1 Arrays em Java

Arrays são usados em programação porque oferecem uma maneira eficiente de armazenar e acessar conjuntos de dados, permitindo uma manipulação rápida e organizada dos elementos. Eles fornecem estruturas de dados compactas e acessíveis que facilitam a implementação de algoritmos de classificação, pesquisa e outras operações em massa, tornando o código mais eficiente e escalável.

Como um carrinho de supermercado permite que você coloque produtos em um só lugar, um array na programação permite armazenar vários elementos do mesmo tipo em uma única variável. Assim como você pode acessar facilmente cada item em um carrinho de supermercado para verificar, adicionar ou remover, um array permite acessar os elementos individualmente usando um índice específico.

Abaixo temos um exemplo de como declarar um Array em Java. Note que, iniciamos com o tipo seguido por abertura e encerramento de colchetes. Esta é a maneira de iniciar um array, que é seguido do nome da variável que representa o array. A seguir, colocamos o operador new que é precedido novamente pelo tipo seguido por abertura e encerramento de colchetes. Entretanto, à direita, entre os colchetes informamos o tamanho do array.

Tipo do Array e Colchetes

Tanto do lado esquerdo do igual, bem como do lado direito, temos que ter o tipo seguido de colchetes. À direita, entre os colchetes, devemos colocar o tamanho do array!

Tamanho do Array

Entre os colchetes do lado direito, devemos especificar o tamanho do array. Neste exemplo, criamos um array com 10 posições (da posição 0 à posição 9).

$$int[\ ]\ var\ =\ new\ int[10];$$

No exemplo acima, criamos um array de números inteiros, cuja variável se chama var e possui 10 posições disponíveis.

Na imagem a seguir, explicamos um pouco o funcionamento de arrays na memória do computador. Na primeira imagem, ao declararmos o array1, criamos um array de inteiros com 3 posições.

Na vida real, se temos 3 posições, a primeira posição é a 1, enquanto a última é a 3. Em arrays, as posições começam com 0, de forma que o segundo elemento está na posição 1, terceiro na posição 2 e assim sucessivamente.

Ao declarar a variável array1 (de int), na memória são criadas 3 caixinhas. E, dentro de cada uma dessas caixinhas, colocamos dentro o valor 0, que é o valor padrão referente ao int, que é o tipo do array.

Pode observar que, no array2, as mesmas caixinhas são preenchidas com 0.0, devido ao fato do array2 ser do tipo double. Por fim, no array3, as mesmas caixinhas são preenchidas com null, devido ao fato do array3 ser uma classe, como Conta, cujo valor padrão é null.

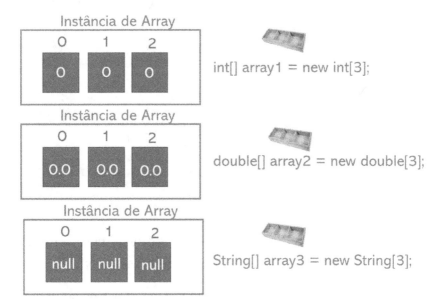

Instância de Array

| 0 | 1 | 2 |
| 0 | 0 | 0 |

int[] array1 = new int[3];

Instância de Array

| 0 | 1 | 2 |
| 0.0 | 0.0 | 0.0 |

double[] array2 = new double[3];

Instância de Array

| 0 | 1 | 2 |
| null | null | null |

String[] array3 = new String[3];

É importante ter em mente que, para inicializar um array em Java, temos diversas maneiras. Na opção dois, criamos um array números 2 com valores padrão, por exemplo, array de int, todos os elementos recebem o valor 0, enquanto que, array nomes2 de

String (classe), todos os elementos recebem null. Na sequência, inicializamos cada uma das posições com valores válidos nas linhas 8,9,10,17,18 e19.

A opção um, note que, criamos um array de maneira similar à opção 2, porém não informamos o tamanho do array e, após os colchetes, colocamos as chaves e, entre as chaves, os valores. A terceira opção, mais curta de todas, ao lado da atribuição já temos as chaves e, entre as chaves, os valores.

```
1  class TesteArray {
2
3    public static void main(String[] args) {
4
5      int[] numeros1 = new int[]{1, 8, 12};      OPÇÃO UM
6
7      int[] numeros2 = new int[3];
8      numeros2[0] = 1;                            OPÇÃO DOIS
9      numeros2[1] = 8;
10     numeros2[2] = 12;
11
12     int[] numeros3 = {1, 8, 12};               OPÇÃO TRÊS
13
14     String[] nomes1 = new String[]{"João", "Maria", "Pedro"};   OPÇÃO UM
15
16     String[] nomes2 = new String[3];
17     nomes2[0] = "João";                         OPÇÃO DOIS
18     nomes2[1] = "Maria";
19     nomes2[2] = "Pedro";
20
21     String[] nomes3 = {"João", "Maria", "Pedro"};   OPÇÃO TRÊS
22   }
23 }
```

Agora que sabemos como declarar *arrays*, vamos entender como acessar as caixinhas, preenche-las e colocarmos coisas lá. Na linha 5, declaramos o array de inteiros com 3 posições, ou seja, de 0 até 2. A linha seguinte, imprimimos a caixinha número 2, que tem 0 (valor padrão do int). A linha 7, acessamos a caixinha de número 2 e atribuímos o valor 3. Por fim, imprimimos novamente a caixinha número 2, mostrando que o antigo valor 0 foi substituído por 3.

```java
1  class TesteArray {
2
3    public static void main(String[] args) {
4
5        int[] numeros = new int[3];
6        System.out.println(numeros[2]);
7        numeros[2] = 3;
8        System.out.println(numeros[2]);
9    }
10 }
```

Variável do Array
Variável referente ao array criado.

Valor Atribuído à Posição
Ao lado direito do operador de atribuição (=) colocamos um valor válido. Se a variável do array (neste exemplo, var) for int, aqui devem ser informados valores int.

$$var[2] = 3;$$

Posição do Array
Aqui devemos colocar uma posição válida do array, que vai de 0 até tamanho - 1. Isto é, em um array de 10, vai de 0 até 9 (que é 10-1). No caso de um array de 3, vai de 0 até 2.

Ao criar um array com 3 posições, podemos apenas acessar as posições 0, 1 e 2 deste array. Ou seja, **quando criamos um array, as posições válidas iniciam de 0 até o tamanho do array – 1**. Caso sejam acessadas posições fora este intervalo, menor que 0 ou maior ou igual ao tamanho do array, uma Exception chamada ArrayIndexOutOfBoundsException. Exceptions, cujo tema terá um capítulo inteiro dedicado mais à frente, é um evento que ocorrer durante em tempo de execução do programa, interrompendo o fluxo normal da execução.

Para melhor entendimento, experimente executar o código abaixo. Ao executar a linha 6, acessamos uma posição inválida, culminando em um ArrayIndexOutOfBoundsException. É importante constantar que, o texto "Bem-vindo" (e possíveis linhas posteriores) não é exibido em função da Exception da linha 6.

```
1 class TesteArray {
2
3    public static void main(String[] args) {
4
5            int[] numeros = {1, 8, 12};
6             System.out.println(numeros[3]);
7             System.out.println("Bem-vindo!");
8        }
9 }
```

Para saber o tamanho de um array, devemos usar o atributo length. Veja o exemplo a seguir. Na linha 6, imprimirmos diretamente o tamanho, enquanto que na linha 8, atribuímos a uma variável para na linha seguinte imprimir.

```
1 class TesteArray {
2
3    public static void main(String[] args) {
4
5            int[] numeros = {1, 8, 12};
6             System.out.println(numeros.length);
7
8             int tamanho = numeros.length;
9             System.out.println(tamanho);
10        }
11 }
```

Iterando Arrays com For Tradicional

Entretanto, o uso mais comum do length é associado ao for tradicional. No código abaixo, a variável i é usada como o índice do array e é inicializada com 0. Usamos, na linha 7, o atributo length (em tradução, comprimento), existente em Arrays, que informa a quantidade de elementos, neste caso, 3. Então, considerando a varível i = 0 e a condição i < numeros.length, o i percorrerá de 0 até 2.

```
 1 class TesteArray {
 2
 3    public static void main(String[] args) {
 4
 5        int[] numeros = { 1, 8, 12 };
 6
 7        for (int i = 0; i < numeros.length; i++) {
 8            System.out.println("O elemento " + (i+1) + " da lista é " + numeros[i]);
 9        }
10    }
11 }
```

Dentro do loop, temos uma curiosidade: Usamos números[i] para acessar o elemento na posição i do array numeros. Entretanto, na exibição, usamos (i+1), por que? Devido ao fato que, os arrays iniciam a posição com 0, enquanto que, para nós, seres humanos, o nosso primeiro elemento está na posição 1 e não 0. Desta maneira, para o código ficar cômodo para seres humanos, colocamos +1. Experimente tirar o +1, executar e ver a saída: "O elemento 0 da lista é 1" e assim sucessivamente. Estranho, né?

Iterando Arrays com For Each

O enhanced for loop, também conhecido como for each, é uma forma simplificada de iterar sobre os elementos de um array, permitindo permite percorrer todos os elementos de um array sem a necessidade de controlar explicitamente um índice, conforme podemos verificar no exemplo a seguir.

```java
1  class TesteArray {
2
3      public static void main(String[] args) {
4
5          int[] numeros = { 1, 8, 12 };
6
7          for (int num : numeros) {
8              System.out.println(num);
9          }
10     }
11 }
```

Neste exemplo, imprimirmos todos os 3 elementos, um a um, contidos no array numeros. É importante frisar que, neste for não temos a variável de inicialização como no tradicional, de modo que, não informamos a posição da lista no print. A sintaxe básica do enhanced for (for each), conforme vimos anteriormente, é a seguinte:

LOOP ENHANCED FOR

```
for(tipo var; elemento) {
    //linhas de código
}
```

3.2 ArrayList em Java

Conforme vimos anteriormente, ao usar arrays, precisamos definir o seu tamanho. Entretanto, você pode estar pensando: "Você mostrou alguns exemplos como este `int[] numeros = { 1, 8, 12 };` que não tem tamanho!". Apesar de não especificar um tamanho, por trás dos bastidores, é criado um array com tamanho 3, invariavelmente.

Ao contrário dos arrays, que têm tamanho fixo, ArrayList são flexíveis, pois permite adicionar, remover e modificar elementos facilmente durante a execução do programa. Além disso, ArrayList oferece métodos extremamente simples para buscar, ordenar e percorrer os elementos.

A seguir, temos como criar um ArrayList. Inicialmente **temos a necessidade de importar a classe para posterior uso**. E, para criarmos um ArrayList, fazemos uma instanciação normal. Entretanto, você pode ter percebido os sinais de menor e maior "<>", conhecido como operador diamante, que **entre os sinais, especificamos o tipo de elementos que serão armazenados no ArrayList**.

```
import java.util.ArrayList;        Import necessário
```

Tipo Parametrizado/Genérico

Indica que estamos especificando o tipo de elementos que serão armazenados no ArrayList. Neste caso é uma lista de String e quaisquer outras operações relacionadas ao ArrayList serão restritas ao tipo String.

```
ArrayList<String> minhaLista = new ArrayList<String>();
```

A seguir, temos um bom exemplo envolvendo as principais funcionalidades de um ArrayList. No passo 1, criamos um ArrayList seguindo as indicações supracitadas, enquanto que no passo 2, **chamamos o método add para adicionar** Strings ao ArrayList. Note que, como especificamos que o ArrayList é de String, no método add, apenas podemos adicionar Strings.

No passo 3, chamamos o método **get, que obtém um elemento de uma data posição, na qual obtemos o primeiro elemento do ArrayList, que como os Arrays, a primeira posição inicia-se com 0**. O passo seguinte (4), usamos o enhanced for (for each) para iterar as Strings, nada diferente do que já vimos.

```java
1  import java.util.ArrayList;
2
3  class TesteArrayList {
4
5      public static void main(String[] args) {
6
7  ①    ArrayList<String> nomes = new ArrayList<String>();
8
9      nomes.add("Daniel");
10     nomes.add("Nathaly");
11 ②   nomes.add("Lucas");
12     nomes.add("Arthur");
13
14 ③   String primeiroNome = nomes.get(0);
15     System.out.println(primeiroNome);
16
17     for (String nome : nomes) {
18 ④       System.out.println(nome);
19     }
20
21     for(int i = 0; i < nomes.size(); i++) {
22 ⑤       System.out.println(nomes.get(i));
23     }
24
25 ⑥   boolean contemDaniel = nomes.contains("Daniel");
26     System.out.println(contemDaniel);
27
28     nomes.remove("Nathaly");
29 ⑦   nomes.remove(0); //removendo "Daniel" (posição 0)
30
31     int tamanho = nomes.size();
32 ⑧   System.out.println(tamanho);
33     }
34 }
```

Entretanto, no passo 5, usamos o for tradicional e verificamos grandes diferenças com relação ao array. Primeira delas é que, ao invés de length, temos um método chamado size() que botém o tamanho da lista. E, ao invés de usarmos os colchetes (como nomes[i]) como em Arrays, em ArrayList usamos o método get(posição).

Agora, no passo 6, usamos o método contains para saber se um dado elemento ("Daniel") está contido na lista nomes. Este método, como esperado, retorna um boolean, podendo ser true ou false.

No passo 7, apresentamos duas maneiras de remover o elemento de um ArrayList. A primeira delas, na linha 28, é remover pelo valor, ou seja, informamos qual valor queremos remover da lista. Por outro lado, a outra opção é a remoção pela posição, isto é, informamos a posição (índice) do elemento que queremos remover. Não existe melhor ou pior opção, mas a opção que atende a sua necessidade em um dado momento. Por fim, no passo 8, verificamos que, com o uso do método size, obtemos o tamanho da lista.

Usando Wrappers

É importante saber que, **o tipo parametrizado (isto é, que está dentro do sinal de menor e maior) apenas aceita tipo classe** (que, se seguir as convenções, iniciam-se com maiúsculo). Desta maneira, o código a seguir não funciona, pois colocamos int, um tipo primitivo, como double, char, boolean, entre outros.

```
1 import java.util.ArrayList;
2
3 class TesteArrayList {
4
5     public static void main(String[] args) {
6
7         ArrayList<int> nomes = new ArrayList<int>();
8     }
9 }
```

Então não podemos criar um ArrayList de inteiros? Pode, para isso usamos as Wrappers (em tradução, envoltórios). A seguir temos uma tabela dos tipos primitivos e seus correspondentes Wrapper. Note que, todos eles são basicamente iguais aos primitivos, colocando apenas a primeira letra em maiúsculo, com exceção do char, que vira Character e do int, que vira Integer.

Tipo Primitivo	Wrapper
boolean	Boolean
byte	Byte
char	Character
float	Float
int	Integer
long	Long
short	Short
double	Double

Desta maneira, o código anterior, que não funcionava, agora, com Wrappers funciona, confira abaixo!

```
import java.util.ArrayList;

class TesteArrayList {

    public static void main(String[] args) {

        ArrayList<Integer> nomes = new ArrayList<Integer>();
    }
}
```

3.3 Mais sobre Collections

Além do ArrayList, a Collections fornece uma variedade de outras estruturas de dados importantes e úteis como a LinkedList para armazenar elementos em uma lista duplamente encadeada, HashSet e TreeSet para armazenar elementos em um conjunto sem duplicatas, HashMap e TreeMap para armazenar pares chave-valor, Stack e Queue para implementar pilhas e filas, e PriorityQueue para manter uma fila de prioridade.

Como leitura complementar sobre Collections, recomendo os 3 links a seguir. Peço que, apenas consultem após a leitura completa deste livro, para não confundir o juízo.

https://www.geeksforgeeks.org/how-to-learn-java-collections-a-complete-guide/

https://www.simplilearn.com/tutorials/java-tutorial/java-collection

https://www.javaguides.net/2018/08/collections-framework-in-java.html

4. Enumerations

Nos primórdios do Java, antes do Java 5, quando queríamos delimitar um conjunto fixo de valores constantes, usávamos uma interface (veremos neste livro), que contém todas as constantes.

O exemplo a seguir mostra este cenário antigo. Inicialmente, temos uma interface TipoConta, que possui duas constantes CONTA_POUPANCA e CONTA_CORRENTE, respectivamente com os valores 2 e 1. A classe Conta, possui uma variável tipoConta, int, que é o tipo das constantes da interface TIpoConta.

```java
public interface TipoConta {

    public static final int CONTA_CORRENTE = 1;
    public static final int CONTA_POUPANCA = 2;
}

public class Conta {

    private int numeroAgencia;
    private int numeroConta;
    private String titular;
    private double saldo;
    private int tipoConta;

    //construtores, getters e setters omitidos.

}
```

```java
class TesteAntesExistenciaEnum {

    public static void main(String[] args) {

        Conta conta1 = new Conta(1,123,"Daniel",1000,TipoConta.CONTA_CORRENTE);
        Conta conta2 = new Conta(1,124,"Abella",1000,1);
        Conta conta3 = new Conta(1,124,"Abella",1000,TipoConta.CONTA_POUPANCA);
        Conta conta4 = new Conta(1,124,"Abella",1000,3);
    }
}
```

```java
public Conta(int numeroAgencia, int numeroConta,
    String titular, double saldo, int tipoConta) {
    this.numeroAgencia = numeroAgencia;
    this.numeroConta = numeroConta;
    this.titular = titular;
    this.saldo = saldo;
    this.tipoConta = tipoConta;
}
```

Agora a parte importante. No método main da classe TesteAntesExistenciaEnum, temos:

- Na linha 5, informamos TipoConta.**CONTA_CORRENTE** no construtor, preenchendo assim a variável de instância tipoConta da classe Conta;

- Na linha 6, informamos 1 no construtor, preenchendo assim a variável de instância tipoConta da classe Conta. Ou seja, o resultado aqui é idêntico ao da linha anterior, pois no final das contas, a variável tipoConta será preenchida com 1; e

- Na linha 7, é igual a linha 5, porém ao invés de CONTA_CORRENTE, informamos CONTA_POUPANCA.

Agora vamos ao real problema desta abordagem. Na linha 8, informamos 3 no construtor, preenchendo assim a variável de instância tipoConta da classe Conta. Mas, não existe uma opção 3, pois 1 equivale a conta corrente 2 a conta poupança. Este é o problema que pode ser facilmente evitado com uso de enumerations.

Para criar uma *enumeration*, é muito parecido como uma classe. Entretanto, entre as chaves, ao invés de variáveis e métodos, temos constantes separadas por vírgulas, conforme representado na imagem a seguir.

Modificador de Acesso da Classe	Nome da Enum
Uma classe Java pode ter 2 modificadores: public ou default. Exemplo de enum com modificador default: `enum TipoConta {}`	*Devem ser formada por substantivos, iniciando com letras maiúsculas, tendo a primeira letra de cada palavra interna em maiúscula. Exemplo: TipoConta.*

PUBLIC ENUM TipoConta {

CONSTANTE , **CONSTANTE**

Chaves (Curly Braces)
As chaves delimitam quando começam e quando terminam unidades de Código (enumss, etc). Neste exemplo, as chaves iniciam e encerram a enum TipoConta.

}

No cenário a seguir, transformamos o exemplo acima para o uso com Enum. Ao invés da Inerface TIpoConta, criamos uma enum TipoConta, que tem dois valores possíveis: CONTA_CORRENTE e CONTA_POUPANCA. Assim como um int tem como possíveis valores -1, 0, 2, entre outros, a enum TipoConta tem estes 2 possíveis valores.

```
public enum TipoConta {

    CONTA_CORRENTE, CONTA_POUPANCA
}
```

```
public class Conta {

    private int numeroAgencia;
    private int numeroConta;
    private String titular;
    private double saldo;
    private TipoConta tipoConta;

    //getters e setters omitidos

}
```

```
    public Conta(int numeroAgencia, int numeroConta,
                 String titular, double saldo, TipoConta tipoConta) {
        this.numeroAgencia = numeroAgencia;
        this.numeroConta = numeroConta;
        this.titular = titular;
        this.saldo = saldo;
        this.tipoConta = tipoConta;
    }
```

```
 1  class TesteComEnum {
 2
 3      public static void main(String[] args) {
 4
 5          Conta conta1 = new Conta(1,123,"Daniel",1000,TipoConta.CONTA_CORRENTE);
 6          //Conta conta2 = new Conta(1,124,"Abella",1000,1);
 7          Conta conta3 = new Conta(1,124,"Abella",1000,TipoConta.CONTA_POUPANCA);
 8          //Conta conta4 = new Conta(1,124,"Abella",1000,3);
 9      }
10  }
```

A classe Conta, a variável tipoConta, ao invés de int, passa ter como tipo o TipoConta. Isto, como esperado, afeta o construtor e os getters/setters associados à variável de instância tipoConta. Por fim, no método main da classe TesteComEnum, nas linhas 5 e 7, informamos no construtor os tipos válidos. A forma de informar um valor é sempre da seguinte forma TipoEnum.CONSTANTE, tal como fizemos em TipoConta.CONTA_CORRENTE.

Complementarmente, as linhas 6 e 8 que estão comentadas, pois agora, com uso da enum, não podemos passar outros valores que não os 2 disponíveis (TipoConta.CONTA_CORRENTE e TipoConta.CONTA_POUPANCA).

5. Criando a 1ª Versão do AbellaBank

Aprendemos muitos conceitos e agora é hora de praticar! No **vídeo JAVA15**◁ apresentamos na prática a criação do projeto AbellaBank, envolvendo os seguintes conceitos: packages, Classes, métodos, ArrayList e Enum.

OO na veia! Herança!

Capítulo 6

> Recomendações Para Este Capítulo
> Para melhor aproveitamento deste capítulo,
> assista ao **vídeo JAVA16**◻ **antes da leitura** para
> facilitar a compreensão dos assuntos que
> serão apresentados neste capítulo. Durante
> a leitura, siga o seu **plano de estudos**, **beba**
> **bastante água** e tenha em mãos o **guia de referência rápida**
> referente ao capítulo (arquivo **JAVA17** ✣).

1. Herança

No capítulo anterior, criamos a primeira versão do Abella-Bank, na qual todas as contas estão modeladas na mesma classe, diferenciadas por uma variável do tipo enumeration TipoConta. Como podemos observar na seta 1 da imagem da próxima página, esta classe é composta por outras 4 variáveis (número da agência e conta, titular e saldo).

Imagine que, agora tenhamos que criar variáveis específicas para conta corrente e conta poupança. A primeira ideia que pode vir a mente é, eliminar a classe Conta e criar duas classes separadas, uma ContaCorrente (com campos da extinta Conta + campos específicos) e uma ContaPoupanca (com campos da extinta Conta + campos específicos). O problema desta abordagem é que, os campos da extinta Conta são repetidos nas duas classes.

ANTES CLASSE ÚNICA

```java
public class Conta {

    private int numeroAgencia;
    private int numeroConta;
    private String titular;
    private double saldo;
    private TipoConta tipoConta;
    //construtores, getters/setters omitidos

}
```

DEPOIS DUAS CLASSES

```java
public class ContaCorrente {

    private int numeroAgencia;
    private int numeroConta;
    private String titular;
    private double saldo;

    private double limiteChequeEspecial;
    //construtores, getters/setters omitidos
}
```

```java
public class ContaPoupanca {

    private int numeroAgencia;
    private int numeroConta;
    private String titular;
    private double saldo;

    private double jurosMensal;
    //construtores, getters/setters omitidos
}
```

Todo este cenário descrito é apresentado na imagem da página anterior. Na primeira versão (antes, no capítulo anterior), tínhamos uma variável tipoConta para diferenciar dentre conta corrente e conta poupança. Na segunda versão, separamos em duas classes e, cada classe tem seus atributos específicos (destacados nas setas 2 e 3). Como dito anteriormente, é importante observar que, as variáveis numeroAgencia, numeroConta, titular e saldo estão repetidas entre as duas classes.

Atuando neste sentido, temos a <u>Herança como um recurso de orientação à objetos existente na linguagem Java</u>.

Antes de irmos para o código propriamente dito, apresentado na próxima página um diagrama de classes, que representa visualmente como são as classes com suas variáveis, métodos e relacionamentos.

Inicialmente, podemos verificar que temos 3 classes e que, temos duas setas. Esta seta indica a herança, ou seja, temos que as classes ContaPoupanca e ContaCorrente herdam de Conta. O funcionamento é igual na vida real, isto é, tudo que estiver em Conta pode ser herdado por quem estiver herdando.

DIAGRAMA DE CLASSES

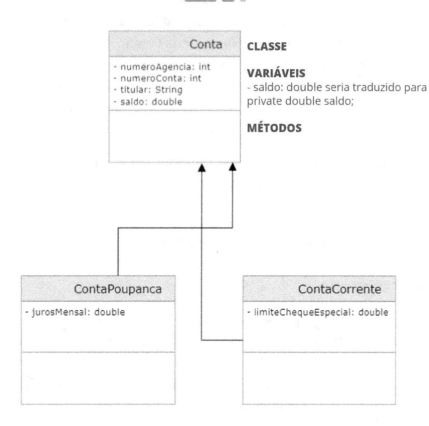

CLASSE

VARIÁVEIS
- saldo: double seria traduzido para private double saldo;

MÉTODOS

Perceba ainda que, nas classes ContaPoupanca e ContaCorrente, temos apenas as variáveis específicas de cada uma. Entretanto, as 4 variáveis de Conta também estão nas classes ContaPoupanca e ContaCorrente, mas não explicitamente, pois elas não foram criadas, mas herdadas. Desta maneira, **ao aplicar herança, não teremos repetição de código e agrupamento de variáveis e métodos comuns**, como veremos na próxima página.

DIAGRAMA DE CLASSES

```
public class Conta {

    private int numeroAgencia;
    private int numeroConta;
    private String titular;
    private double saldo;
    //construtores, getters/setters omitidos

    public void depositar(double valor) {
        this.saldo = this.saldo + valor;
    }

}
```

```
public class ContaCorrente extends Conta {

    private double limiteChequeEspecial;
    //construtores, getters/setters omitidos

}
```

```
public class ContaPoupanca extends Conta {

    private double jurosMensal;
    //construtores, getters/setters omitidos

}
```

Inicialmente a classe Conta, a qual chamamos de super-classe (também ouço chamar de classe pai, classe mãe, entre outros termos) possui apenas as variáveis e métodos genéricos, ou seja, que todo tipo de conta (como corrente ou poupança) possui. Neste caso, temos as 4 variáveis básicas de uma conta e o método depositar (poderiam ter mais outros métodos, concordo).

Na sequência, temos as classes ContaCorrente e ContaPoupanca com suas variáveis específicas. Para que estas duas classes herdam de Conta, precisamos, logo após a definição da classe, colocarmos a palavra-chave extends seguida pela superclasse, neste exemplo, extends Conta.

Agora que já temos uma visão essencial de Herança, agregue alguns termos na cabeça. **Conta é a superclasse (também conhecidas por classe pai ou classe mãe), enquanto ContaPoupanca e ContaCorrente são subclasses (também conhecidas por classe filha).**

E, a forma de instanciar segue a mesma, conforme a seguir, viu coronel? Para que não tenhamos nenhum gap no seu entendimento, peço que implemente todo este exemplo, incluindo construtores, getters e setters, método depositar, sacar e demais métodos.

1.1 Sobrescrita (Override)

Na próxima página temos um exemplo do uso das classes criadas na seção anterior. Importante observar que, nas linhas 8, 9, 14, 15 e 18 chamamos variáveis/métodos da superclasse, enquanto que nas linhas 10, 16 e 19 chamamos métodos existentes nas subclasses.

```java
public class Teste {

    public static void main(String[] args) {

        ContaPoupanca contaPoupanca1 = new ContaPoupanca(1,123,"Abella",1000,0.5);
        ContaCorrente contaCorrente1 = new ContaCorrente(1,122,"Lucas",10,100);

        System.out.println("Titular " + contaPoupanca1.getTitular()
                + "Saldo " + contaPoupanca1.getSaldo()
                + " Juros " + contaPoupanca1.getJurosMensal());

        contaPoupanca1.depositar(100);

        System.out.println("Titular " + contaPoupanca1.getTitular()
        + "Saldo " + contaPoupanca1.getSaldo()
        + " Juros " + contaPoupanca1.getJurosMensal());

        System.out.println("Titular " + contaCorrente1.getTitular()
        + " Cheque Especial " + contaCorrente1.getLimiteChequeEspecial());
    }
}
```

Prestenção! Na linha 9, quando imprimimos o saldo, será apresentado 1000 (conforme informado no construtor da linha 5). Na linha 12, chamamos o método depositar, na variável conta-Poupanca1 (da classe ContaPoupanca). Este método foi herdado de Conta, como podemos verificar. Execute o código acima e veja que a saída da linha 15 é 1100.

Imagine a seguinte situação. Para a classe ContaCorrente, o método depositar herdado de Conta atende às necessidades. Entretanto, para a classe ContaPoupanca, o método herdado não atende, pois o funcionamento esperado é: ao depositar 100 reais, espera-se que, seja depositado este valor acrescido do valor dos juros (por exemplo 0.5 reais), totalizando 100.5 reais).

Quando você tem um método herdado e você quer manter a mesma assinatura*, mas ter um comportamento específico na subclasse, precisamos aplicar o conceito de sobrescrita (em inglês, override).

*A assinatura do método é formada pelo seu nome e pelo tipo, quantidade e ordem de seus parâmetros.

Para fazer a sobrescrita de um método, basta criarmos na subclasse um método com a mesma assinatura do método existente na superclasse. No exemplo abaixo, criamos o método depositar (seta 1) na superclasse e criamos na subclasse com a mesma assinatura (seta 2). **Caso queira evidenciar que este método é sobrescrito, podemos, opcionalmente, adicionar a anotação @Override** (seta 4), que não requer nenhum *import*, pois pertence ao pacote java.lang.

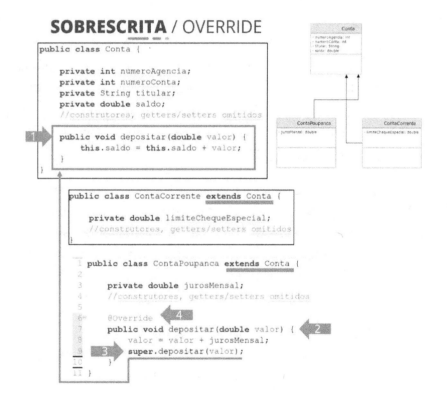

No corpo do método indicado na seta 2, podemos codificar à nossa maneira. Entretanto, apresento uma implementação de sugestão, na qual, na linha 8, atualizamos o valor informado acrescendo o valor dos juros (ou seja, se o valor for 100 e o juros 0.5, o valor será atualizado para 100.5).

E, na linha 9, temos um código, que a primeira vista parece estranho. Como sabemos, o método depositar da superclasse, adiciona o valor informado ao saldo. Para evitar repetir este código, **a partir da subclasse, podemos chamar qualquer método herdado da superclasse da seguinte maneira: super.metodoSuperclasse().** Fizemos exatamente isto na linha 9. Ou seja, na linha 8 atualizamos o valor (acrescendo os juros) e na linha 9, passamos para o método depositar da superclasse, algo como: "deposita agora o valor atualizado com o juros".

1.2 Sobrecarga vs. Sobrescrita

Nos capítulos anteriores falamos sobre o conceito de sobrecarga (em métodos e construtores), enquanto que agora, recém abordamos o assunto de sobrescrita. Um equívoco comum é confundir os dois conceitos, algo que queremos desconstruir agora.

Primeiramente, **sobrecarga são métodos com mesmo nome, na mesma classe, porém com assinaturas diferentes** (por exemplo, número ou tipos de parâmetros diferentes). Por outro lado, **sobrescrita são métodos com a mesma assinatura, tendo um método na superclasse e outro(s) com a mesma assinatura na(s) subclasse(s)**.

No exemplo da próxima página, evidenciado no quadrado indicado pela seta 2, temos na classe Conta dois métodos depositar, porém com número de parâmetros diferentes, o que evidencia uma sobrecarga. Enquanto que, na seta 1, temos uma sobrescrita, onde temos um método depositar na superclasse e um método com a mesma assinatura na subclasse. Antes de seguir, garanta que este conceito esteja sedimentado na sua alma.

```java
public class Conta {

    private int numeroAgencia;
    private int numeroConta;
    private String titular;
    private double saldo;
    //construtores, getters/setters omitidos

    public void depositar(double valor) {
        this.saldo = this.saldo + valor;
    }                                                    1

    public void depositar(double valor, String moeda) {
        this.saldo = this.saldo + valor;
        //método precisa fazer conversão de moeda
    }                                                    2
}
```

```java
 1  public class ContaPoupanca extends Conta {
 2
 3      private double jurosMensal;
 4      //construtores, getters/setters omitidos
 5
 6      @Override
 7      public void depositar(double valor) {
 8          valor = valor + jurosMensal;
 9          super.depositar(valor);
10      }
11  }
```

Precisamos ter em mente o funcionamento de this() e super() dentro dos construtores. A seguir, temos a classe Conta, base para nosso exemplo

```
1   class Conta {
2       private String numero;
3       private double saldo;
4
5       //getters e setters omitidos
6       public Conta(String numero, double saldoInicial) {
7           this.numero = numero;
8           this.saldo = saldoInicial;
9       }
10  }
11
```

Na linha indicada pela seta 2, esta chamada super dentro do construtor da subclasse ContaPoupanca, chama o construtor da superclasse Conta, mais especificamente da linha 6. Com relação ao uso do this da linha indicada pela seta 1, chamamos outro construtor dentro da mesma classe, neste caso, o construtor da linha 15.

```
12  class ContaPoupanca extends Conta {
13      private double taxaJuros;
14
15      public ContaPoupanca(String numero, double saldoInicial) {
16  2)      super(numero, saldoInicial);
17      }
18
19      public ContaPoupanca(String numero, double saldoInicial, double taxaJuros) {
20          this(numero, saldoInicial);   1
21          this.taxaJuros = taxaJuros;
22      }
23  }
```

1.3 Métodos Final

Na sessão anterior, apresentamos como fazer uma sobrescrita de um método. Entretanto, existem situações em que, queremos que as subclasses não alterem o comportamento do método da superclasse, em outras palavras, que não façam sobrescrita. **Para que um método não possa ser sobrescrito (obvia-**

mente, nas subclasses), usamos o modificador final, conforme exemplo abaixo.

```java
public class Conta {

    private int numeroAgencia;
    private int numeroConta;
    private String titular;
    private double saldo;
    //construtores, getters/setters omitidos

    public final void depositar(double valor) {
        this.saldo = this.saldo + valor;
    }
}
```

```java
public class ContaPoupanca extends Conta {

    private double jurosMensal;
    //construtores, getters/setters omitidos

    @Override
    public void depositar(double valor) {
        valor = valor + jurosMensal;
        super.depositar(valor);
    }
}
```

> Cannot override the final method from Conta
> 1 quick fix available:
>   Remove 'final' modifier of 'Conta.depositar'(..)
>   Press 'F2' for focus

Usamos a palavra-chave final no método depositar da superclasse (seta 1) para indicar que ele não está elegível para sobrescrita. Como resultado, por exemplo, a ContaPoupanca não pode sobrescrever, conforme indicado na seta 2. Na parte inferior, relacionamos a mensagem de erro apresentada pelo Eclipse (*Cannot override the final method from Conta* – Em português, não podemos sobrescrever o método final de Conta).

Agora, se na subclasse ContaPoupanca, você apagar o @ Override e alterar o nome do método depositar para outro (por exemplo, depositarPoupanca), funciona! Por que? Porque ao alterar o nome do método, não existe mais sobrescrita.

1.4 Classes Final

Como vimos anteriormente, métodos final fazem com que eles não sejam sobrescritos. E, vimos lá em capítulos anteriores que, variáveis final fazem com que, elas se tornem constantes (isto é, ao receber um valor não pode ter outro valor atribuído). Por outro lado, Classes final indica que ela não poder ter filhos, ou seja, não pode ser superclasse, isto é, ninguém pode "dar um extends nela".

Exemplos de classes elegíveis a usar o Final, temos a ContaPoupanca e ContaCorrente que, provavelmente não incluiremos subclasses. Como visto, <u>o funcionamento do final tem um significado em cada lugar (classe, método e variável), conforme evidenciado na tabela a seguir.</u>

Tipo	Descrição

Variável Final	Uma vez atribuído o valor, não pode receber outro valor.
	 `final int variavelFinal = 2;`
	 `variavelFinal = 3;`

Método Final	Não pode ser sobrescrito.
	 `public final void depositar(double valor) {`
	 `    this.saldo = this.saldo + valor;`
	 `}`

Classe Final	Não pode ser estendida.
	 `public final class Conta {`
	 `    //atributos, metodos, construtores, etc`
	 `}`
	 `public class ContaPoupanca extends Conta {`
	 `}`

2. Classes e Métodos Abstract

Nos exemplos anteriores, temos uma superclasse Conta, com duas subclasses (ContaCorrente e ContaPoupanca). Note que, podemos criar instâncias das 3 classes supracitadas, o que não faz sentido, uma vez que, quando vamos a um banco (como o Abel-laBank) criar uma nova conta, elegemos entre uma Conta Corrente ou Conta Corrente. Entretanto, nunca saímos de um banco com uma Conta genérica.

Desta maneira, precisamos encontrar uma **maneira para definir a classe Conta como genérica (como base para as subclasses ContaCorrente e ContaPoupanca) e que não passa ser instanciada**. Esta maneira é usando o **modificador abstract na superclasse** (neste caso, Conta).

No exemplo a seguir, apenas adicionamos a palavra-chave abstract na classe Conta. Como consequência, a classe Conta não pode ser instanciada, conforme destacado na imagem. É importante compreender que, não é possível instanciar a classe Conta, mas é possível declarar uma variável.

ABSTRACT EM CLASSES

```java
public abstract class Conta {
    //atributos, métodos, construtores, etc
}

public class Teste {

    public static void main(String[] args) {

        Conta novaConta = new Conta();
        ContaCorrente contaCorrente1 = new ContaCorrente();
        ContaPoupanca contaPoupanca1 = new ContaPoupanca();
    }
}

public class ContaCorrente extends Conta {
    //construtores, getters/setters omitidos
}

public class ContaPoupanca extends Conta {
    //construtores, getters/setters omitidos
}
```

Em classes Abstract podemos ter métodos concretos (que tem corpo, como os que fizemos até agora), bem como métodos abstract, que são métodos que não tem corpo e precisam ser implementados pela primeira subclasse concreta (não abstract).

No exemplo abaixo, na classe Abstract Conta, temos um método abstract intitulado calcularSaldo, indicados na seta 1. Note que, este método tem a palavra-chave abstract e não tem corpo, ou seja, não tem chaves de abrir e fechar, tendo ao invés disto, um ponto e vírgula.

ABSTRACT EM MÉTODOS

```java
public abstract class Conta {
    //atributos, métodos, construtores, omitidos
    private double saldo;

    public abstract void calcularSaldo();

    public void depositar(double valor) {
        this.saldo += valor;
    }
}
```

```java
public class ContaCorrente extends Conta {

    //construtores, getters/setters omitidos

    @Override
    public void calcularSaldo() {
        // Aqui seria a implementação de
        // calcular saldo em ContaCorrente
    }
}
```

Neste exemplo, a subclasse concreta (isto é, não abstract) ContaCorrente precisou implementar o método calcularSaldo (seta 2) que foi definido na superclasse (seta 1). Diferente do método calcularSaldo da superclasse que não possui corpo (por ser abstract), o método calcularSaldo da subclasse possui corpo e não possui o modificador abstract. Desta maneira, concluímos que, **quando temos um método abstract na superclasse, este precisa ser implementado na subclasse concreta**.

3. Polimorfismo

Polimorfismo é uma palavra de origem grego que significa muitas formas. Em orientação à objetos, **refere-se à capacidade de um objeto em se comportar de diferentes maneiras (formas), dependendo do contexto em que é utilizado, permitindo a execução de métodos com a mesma assinatura, mas com comportamentos distintos em classes diferentes**.

Retornando ao nosso exemplo de Contas, podemos concluir que, podemos tratar uma ContaCorrente quando uma ContaPoupanca como objetos do tipo Conta.

Na próxima página temos um exemplo, na qual à esquerda não aplicamos o polimorfismo, em um sistema hipotético que cria novas contas, onde o usuário escolhe o tipo de conta a ser criada (1 para corrente e 2 poupança). Verifique que, nesta abordagem precisamos de 2 variáveis (seta 1), um para cada um dos tipos. Se tivéssemos 20 tipos de contas, teríamos que ter, 20 variáveis.

POLIMORFISMO

```
public class TesteUm {

    public static void main(String[] args) {

        ContaCorrente contaCorrente = null;
        ContaPoupanca contaPoupanca = null;

        //Usuario escolhe se quer criar
        //Conta Corrente (opção 1) ou Conta Poupança (opção 2)
        int opcao = 1; //exemplo: usuario informou opção 1

        if (opcao == 1) {
            contaCorrente = new ContaCorrente();
        } else if (opcao == 2) {
            contaPoupanca = new ContaPoupanca();
        } else {
            System.out.println("Opção inválida!");
        }
    }
}
```

```
public class TesteUm {

    public static void main(String[] args) {

        ContaCorrente contaCorrente = null;
        ContaPoupanca contaPoupanca = null;

        //Usuario escolhe se quer criar
        //Conta Corrente (opção 1) ou Conta Poupança (opção 2)
        int opcao = 1; //exemplo: usuario informou opção 1

        if (opcao == 1) {
            contaCorrente = new ContaCorrente();
        } else if (opcao == 2) {
            contaPoupanca = new ContaPoupanca();
        } else {
            System.out.println("Opção inválida!");
        }
    }
}
```

Complementarmente, à direita, na qual usamos polimorfismo, note que, temos apenas uma variável da superclasse (neste caso, Conta, indicado na seta 2). Lembre-se que, é possível declarar uma variável do tipo de uma classe Abstract, o que não podemos é instanciar uma classe Abstract.

Com uso desta variável da superclasse, podemos atribuir qualquer instância de uma subclasse,como acontece nas setas 3 e 4. Toda esta informação é consolidada na imagem a seguir. Nas3 setas, declaramos uma variável do tipo Conta. Na primeira linha (da var1), instanciamos aclasse Conta, fato possível desde que esta classe não seja abstract. Na segunda e terceira setasinstanciamos as subclasses de Conta, corroborando para o polimorfismo.

```
Conta var1 = new Conta();
Conta var2 = new ContaCorrente();
Conta var3 = new ContaPoupanca();
```

Desta forma, podemos concluir que, **polimorfismo ajuda a tratar objetos de diferentes classes relacionadas de forma uniforme, fornecendo flexibilidade e reutilização de código**.

Agora que, a variável é do tipo da superclasse, como que vamos saber de qual subclasse é a instância? Neste sentido, temos o **operador instanceof, que é usado para verificar se um objeto é uma instância de uma determinada classe ou de uma classe derivada dela**, retornando true se o objeto for do tipo especificado ou de qualquer uma de suas subclasses, caso contrário, retorna false.

No exemplo a seguir, observe que, com o uso do instanceof, conseguimos identificar qual a instância está atribuída à variável novaConta. O operador instanceof é frequentemente usado para verificar se um objeto é de uma classe derivada específica antes de realizar operações específicas para essa classe.

USO DO INSTANCEOF

```java
public class TesteUm {

    public static void main(String[] args) {

        Conta novaConta = new ContaCorrente();

        if(novaConta instanceof ContaCorrente) {
            System.out.println("Conta Corrente");
        } else if(novaConta instanceof ContaPoupanca) {
            System.out.println("Conta Poupanca");
        }
    }
}
```

4. Modificadores de Acesso

Modificadores de acesso são palavras-chave utilizadas para controlar a visibilidade e o acesso aos elementos (classes, *enumerations*, interfaces, métodos, variáveis de classe e variáveis de instância) em Java, sendo eles:

- **public:** Não possui restrições, ou seja, o elemento é acessível de qualquer lugar;

- **protected:** Elemento acessível dentro da mesma classe, mesmo pacote e também por subclasses (mesmo que estejam em pacotes diferentes);

- **default (sem modificador explícito):** Elemento é acessível dentro da mesma classe e por outros elementos do mesmo pacote; e

- **private:** Elemento acessível apenas dentro da própria classe em que está definido.

Para uma classe ou Enum Java, temos apenas dois modificadores possíveis: *public* e *default*. Por outro lado, variáveis de instância e de classe podem assumir qualquer um dos 4 modificadores. Como Java tem muitos itens, abaixo resumo os modificadores possíveis em cada um destes itens.

Item ↓	Modificador de Acesso ➡	Default	Public	Protected	Private
Classe		Sim	Sim	Não	Não
Classe Interna		Sim	Sim	Sim	Sim
Interface		Sim	Sim	Não	Não
Interface (dentro de Classe)		Sim	Sim	Sim	Sim
Enum		Sim	Sim	Não	Não
Enum (dentro de Classe)		Sim	Sim	Sim	Sim
Enum (dentro de Interface)		Sim	Não	Não	Não
Construtor		Sim	Sim	Sim	Sim
Métodos (dentro de Classe)		Sim	Sim	Sim	Sim
Métodos (dentro de Interface)		Sim	Não	Não	Não

A escolha adequada dos modificadores de acesso é essencial para controlar a visibilidade e o acesso dos elementos da aplicação.

4.1 Visibility Game

Na seção anterior, apenas discutimos a parte teórica relacionada aos modificadores de acesso. Entretanto, é apenas na prática que a teoria é solidificada em nosso cérebro. Para amparar todo este processo, foi criado por mim, Daniel Abella, um jogo intitulado Visibility Game, que demonstra na prática todos os modificadores de acesso.

PACOTE 1

```
package pacote1;

class ClasseDefaultPacote1 {

    public void metodoPublic() { }
    protected void metodoProtected() { }
    void metodoDefault() { }
    private void metodoPrivate() { }
}
```

```
1  package pacote1;
2
3  public class ClassePublicPacote1 {
4
5      public void metodoPublic() { }
6      protected void metodoProtected() { }
7      void metodoDefault() { }
8      private void metodoPrivate() { }
9  }
```

PACOTE 2

```
1  package pacote2;
2
3  class ClasseDefaultPacote2 {
4
5      public void metodoPublic() { }
6      protected void metodoProtected() { }
7      void metodoDefault() { }
8      private void metodoPrivate() { }
9  }
```

```
package pacote2;

public class ClassePublicPacote2 {

    public void metodoPublic() { }
    protected void metodoProtected() { }
    void metodoDefault() { }
    private void metodoPrivate() { }
}
```

MODIFICADORES DE ACESSO

PALAVRAS-CHAVE USADAS PARA CONTROLAR A VISIBILIDADE E O ACESSO AOS ELEMENTOS (CLASSES, MÉTODOS E VARIÁVEIS). SÃO QUATRO MODIFICADORES:

- PUBLIC: ACESSÍVEL EM QUALQUER LUGAR, SEM RESTRIÇÕES
- PROTECTED: ACESSÍVEL NA MESMA CLASSE, PACOTE E EM SUBCLASSES (MESMO EM PACOTES DIFERENTES)
- DEFAULT: ACESSÍVEL NA MESMA CLASSE E NO MESMO PACOTE
- PRIVATE: ACESSÍVEL NA MESMA CLASSE APENAS

- MODIFICADORES APLICÁVEIS A CLASSES: PUBLIC E DEFAULT
- MODIFICADORES APLICÁVEIS A VARIÁVEIS DE INSTÂNCIA/CLASSE E MÉTODOS: PUBLIC, DEFAULT, PRIVATE E PROTECTED.

CRIAÇÃO E DIAGRAMAÇÃO:
DANIEL ABELLA
www.daniel-abella.com

No **vídeo JAVA18** detalhamos este jogo, na prática, não siga sem assistir na íntegra.

5. Interfaces

Como vimos anteriormente, Classes abstract podem ter métodos abstract, bem como métodos concretos (não abstract). Nesta seção apresentaremos o conceito de **Interfaces que, a primeiro momento, imaginem que seja uma classe abstract que possui apenas métodos abstract e constantes**.

Abaixo temos um primeiro exemplo do uso de interfaces. À esquerda, temos uma interface, que possui dois métodos abstract, draw e getColor, além de 5 constantes Strings, uma para cada cor em hexadecimal.

INTERFACES EXEMPLO 1

```java
interface Drawable {

    public static final String RED = "FF0000";
    public static final String GREEN = "00FF00";
    public static final String BLUE = "0000FF";
    public static final String BLACK = "000000";
    public static final String WHITE = "FFFFFF";

    void draw(String color);

    String getColor();
}
```

```java
public class Circle implements Drawable {

    private double x;
    private double y;
    private double radius;

    //construtores, getters e setters omitidos

    @Override
    public void draw(String color) {
        System.out.println("Drawing circle");
    }

    @Override
    public String getColor() {
        return Drawable.BLUE;
    }
}
```

À direita, temos uma classe Circle que implementam esta interface. Por ter implementado, esta classe é obrigada a implementar os métodos draw e getColor adequadamente. E, como pode ser visto, podemos usar as constantes definidas na interface.

Interface é um contrato de modo que, uma classe concreta que a implementa, tem que seguir o contrato, ou seja, implementar todos os métodos abstract declaradas na Interface. Diferente de Classes, Interfaces NÃO podem ser instanciadas!

Apenas uma classe concreta (não Abstract) que é obrigada a implementar os métodos abstract da interface. Então, uma classe Abstract não é obrigada, apesar de poder, implementar os métodos abstract da interface. Veja o exemplo a seguir, onde a classe CircleTwo, abstrata, não precisou implementar os métodos da interface, apesar de poder, se quiséssemos.

```
public abstract class CircleTwo implements Drawable {

    private double x;
    private double y;
    private double radius;

    //construtores, getters e setters omitidos
}
```

Entretanto, caso tivéssemos uma subclasse concreta de CircleTwo, esta seria obrigada a implementar os métodos abstract de Drawable, pois CircleTwo tinha dívida (isto é, os 2 métodos abstract para implementar) e só não pagou (implementou) porque era abstract. Ou seja, uma subclasse concreta de CircleTwo, herdaria também das dúvidas.

Agora que fomos, na prática apresentado às interfaces, vamos à sua definição na próxima página. Os modificadores são os mesmos de uma classe (public ou default) e dentro podemos ter métodos abstract e constantes. Como sugestão, sugere-se que as interfaces terminem com ável (able, em Inglês), a exemplo de Auditável (em Inglês, Auditable).

INTERFACE JAVA

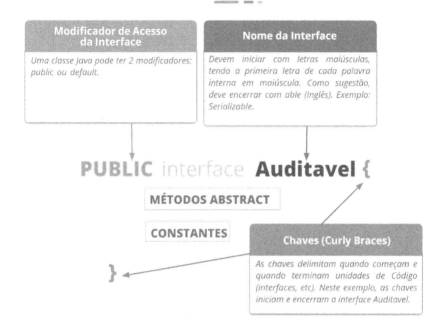

Modificador de Acesso da Interface	Nome da Interface
Uma classe Java pode ter 2 modificadores: public ou default.	Devem iniciar com letras maiúsculas, tendo a primeira letra de cada palavra interna em maiúscula. Como sugestão, deve encerrar com able (Inglês). Exemplo: Serializable.

PUBLIC interface **Auditavel {**

MÉTODOS ABSTRACT

CONSTANTES

Chaves (Curly Braces)

As chaves delimitam quando começam e quando terminam unidades de Código (interfaces, etc). Neste exemplo, as chaves iniciam e encerram a interface Auditavel.

}

Agora é hora de aplicar o conceito de interfaces no nosso AbellaBank. Inicialmente, precisamos saber que, entidades do nosso sistema <u>não são elegíveis a serem interfaces</u>, pois entidades como Conta, Agencia, ContaCorrente e ContaPoupanca são traduzidos para Classes, que são passíveis de serem instanciados, diferente de interfaces, que não podem ser instanciadas.

Imagine que, queremos que algumas classes do AbellaBank sejam passíveis de auditoria, devendo ter informações de quem criou, data da criação, data da última alteração e quem alterou por último. Em outras palavras, queremos criar um contrato (interface) que poderia ser chamar Auditavel, conforme exemplo a seguir.

```
public interface Auditavel {

    String getCreatedBy();
    String getCreatedDate();
    String getLastModifiedBy();
    String getLastModifiedDate();
}
```

Agora temos o nosso contrato de auditoria criado! As clas-
ses que possam ser auditadas, devem implementar a interface
Auditavel. Note que, segui a sugestão da interface terminar com
o sufixo Avel (ou em Inglês, Able). E, o mais importante, note que,
Auditavel não representa uma entidade no nosso sistema (como
ContaCorrente, por exemplo), mas um contrato.

Baseado em tudo que discutimos nesta seção, criei o diagrama a seguir. Temos a interface Auditavel, a superclasse Conta
e as subclasses ContaCorrente e ContaPoupanca.

Quem deve implementar a interface Auditavel? Duas opções.
A primeira delas é apenas a superclasse abstract (neste caso,
Conta, indicada na seta 1), enquanto a segunda são as subclasses
(ContaCorrente e ContaPoupanca, indicadas na seta 2). Ambas as
opções estão adequadas, mas a melhor opção é a primeira.

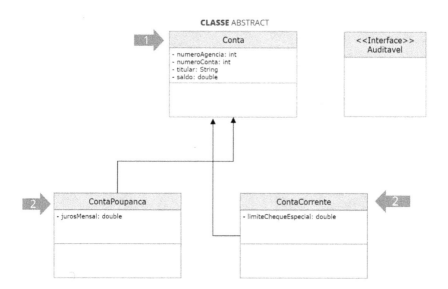

Imagine o cenário que, tenhamos uma nova subclasse ContaInvestimento. Se seguirmos a segunda opção, todas as subclasses precisam implementar a interface Auditavel. Podemos, muito bem, esquecer de fazer a nova subclasse ContaInvestimento implementar a interface Auditavel.

Entretanto, ao fazer a classe Abstract Conta implementar, todas as subclasses de Conta automaticamente estão implementando a interface Auditavel. Inclusive, as subclasses de Conta ficarão obrigadas de implementar os métodos abstract de Auditavel. Caso não tenha compreendido, releia a caixinha "+ um "dedin" de prosa" nas páginas anteriores.

Como vimos, uma classe possui métodos e constantes. Implicitamente, ou seja, "por baixo dos panos", todo método em uma interface é **public abstract** e uma interface é implicitamente **public static final**.
Desta maneira as duas versões da interface Clonavel a seguir são a mesma coisa.

```java
public interface Clonavel {

    int MIN_SIZE = 1;

    Object clone();
}
public interface Clonavel {

    public static final int MIN_SIZE = 1;

    public abstract Object clone();
}
```

Para que não tenhamos nenhum gap no entendimento, reúno na imagem a seguir, as "regrinhas" relacionadas à interfaces e herança.

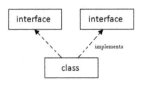

CLASSE PODE IMPLEMENTAR ZERO OU + INTERFACES

CLASSE PODE ESTENDER ATÉ UMA CLASSE

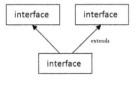

INTERFACE PODE ESTENDER ZERO OU + INTERFACES

Fonte: Baseado em https://www.javatpoint.com/interface-in-java

5.1 Funcionalidades Adicionadas a Interfaces no Java 8

Como vimos na seção anterior, os métodos de uma interface não podiam ter implementação. Entretanto, a partir do Java 8, torna-se possível ter:

- Métodos default que são concretos (não abstract); e
- métodos static que concretos (não abstract).

A primeira novidade, o método default, é apresentado na prática a seguir. Com a introdução dos métodos default, torna-se possível adicionar novos métodos a uma interface sem quebrar o código existente. Um método default, em interfaces, fornece uma implementação padrão para os casos em que uma classe que implementa essa interface não fornece uma implementação específica para o método.

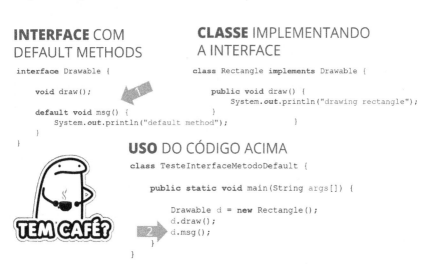

INTERFACE COM DEFAULT METHODS

```
interface Drawable {

    void draw();

    default void msg() {
        System.out.println("default method");
    }
}
```

CLASSE IMPLEMENTANDO A INTERFACE

```
class Rectangle implements Drawable {

    public void draw() {
        System.out.println("drawing rectangle");
    }
}
```

USO DO CÓDIGO ACIMA

```
class TesteInterfaceMetodoDefault {

    public static void main(String args[]) {

        Drawable d = new Rectangle();
        d.draw();
        d.msg();
    }
}
```

TEM CAFÉ?

Por fim, considerando o mesmo cenário, na próxima página temos exemplo de métodos static em interfaces, sendo estes úteis para prover métodos utilitários, como métodos para ordenação, checagem de um padrão de uma dada String, entre outros.

INTERFACE COM STATIC METHODS

```
interface Drawable {

    void draw();

    static int cube(int x) {
        return x * x * x;
    }
}
```

CLASSE IMPLEMENTANDO A INTERFACE

```
class Rectangle implements Drawable {

    public void draw() {
        System.out.println("drawing rectangle");
    }
}
```

USO DO CÓDIGO ACIMA

```
class TesteInterfaceMetodoDefault {

    public static void main(String args[]) {

        Drawable d=new Rectangle();
        d.draw();

        System.out.println(Drawable.cube(3));
    }
}
```

5.2 Funcionalidades Adicionadas a Interfaces no Java 9

No Java 8, tivemos duas novidades relacionadas a interfaces: métodos static e métodos default. **Na versão posterior (Java 9), torna-se possível termos métodos private em interfaces**.

Um método private em interface privada é um tipo especial de método que é acessível apenas dentro da interface, tendo desta maneira como benefício o encapsulamento.

Métodos privados podem ser de dois tipos: métodos privados static e métodos privados não static.

Agora que, vimos que dentro de Interfaces podemos ter um montão de coisas, abaixo listo tudo o que pode estar relacionado em uma interface:

- Constantes (implicitamente public static final);
- Métodos abstract (implicitamente public abstract);
- Métodos default;

- Métodos static;
- Métodos private;
- Métodos private static.

Tudo o que é possível dentro de uma interface, a partir do Java 9, está relacionado no exemplo a seguir.

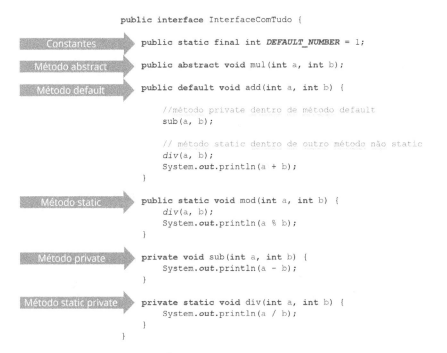

```java
public interface InterfaceComTudo {

    public static final int DEFAULT_NUMBER = 1;

    public abstract void mul(int a, int b);

    public default void add(int a, int b) {

        //método private dentro de método default
        sub(a, b);

        // método static dentro de outro método não static
        div(a, b);
        System.out.println(a + b);
    }

    public static void mod(int a, int b) {
        div(a, b);
        System.out.println(a % b);
    }

    private void sub(int a, int b) {
        System.out.println(a - b);
    }

    private static void div(int a, int b) {
        System.out.println(a / b);
    }
}
```

Labels apontando para o código:
- Constantes
- Método abstract
- Método default
- Método static
- Método private
- Método static private

6. Criando a 2ª Versão do AbellaBank

Aprendemos muitos conceitos e agora é hora de praticar! No **vídeo JAVA19** apresentamos na prática a criação do projeto AbellaBank, adicionando a primeira versão os seguintes conceitos: Interfaces, Herança, Sobrescrita, Classes/Métodos Final e Classes/ Métodos Abstract.

CD13
CÓDIGO DISPONÍVEL EM
DANIEL-ABELLA.COM/LIVROS/JAVA

Tratamento de Exceptions

Capítulo 7

Recomendações Para Este Capítulo

Para melhor aproveitamento deste capítulo, assista ao **vídeo JAVA20▢ antes da leitura** para facilitar a compreensão dos assuntos que serão apresentados neste capítulo. Durante a leitura, siga o seu **plano de estudos**, **beba bastante água** e tenha em mãos o **guia de referência rápida** referente ao capítulo (arquivo **JAVA21✣**).

---

1. Introdução

Em nosso AbellaBank, mais especificamente na classe Conta, o método sacar, não faz a verificação se o cliente possui ou não saldo em conta. Caso esta verificação seja necessária, uma possível solução é apresentada a seguir. Note que, o método agora retorna um *boolean*, informado se o saque foi autorizado (ou não).

```java
public class Conta {

    // atributos, métodos, construtores, omitidos
    private int numeroAgencia;
    private int numeroConta;
    private String titular;
    private double saldo;


    public boolean sacar(double valor) {

        boolean saqueAutorizado = false;

        if (valor <= saldo) {
            this.saldo -= valor;
            saqueAutorizado = true;
        }

        return saqueAutorizado;
    }
}
```

A primeiro momento, pode parecer uma solução interessante, entretanto desde os primórdios do Java, **temos Exceptions como forma de sinalizar condições excepcionais que podem ocorrer durante a operação**, neste caso, durante o saque, como a falta de fundos.

Vamos aplicar Exceptions a este cenário!

Passo 1: Criação da Exception

A primeira coisa que precisamos fazer é, **criar uma classe que represente a nossa situação excepcional, ou seja, a nossa Exception**. Existem dois tipos de Exceptions: as **Checked Exception (subclasse de Exception) e Unchecked Exception (subclasse de RuntimeException)**.

Com base no nosso exemplo, vamos criar uma Exception intitulada *SaldoInsuficienteException*, que deve ser lançada quando o cliente não tem saldo disponível para o valor do saque solicitado. A seguir apresentamos duas versões para esta Exception, uma subclasse de RuntimeException e outra de Exception.

Como boa prática, é interessante oferecer a quem for instanciar a Exception, ter ao menos os 2 construtores apresentados na próxima página, um que dispõe de uma String, na qual podemos informar alguma mensagem referente à situação exception (como causa-raiz, por exemplo) e outro vazio, no caso de não termos maiores detalhes.

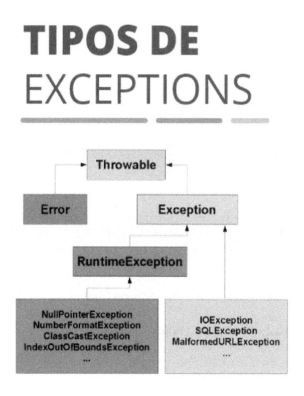

```
public class SaldoInsuficienteException
    extends RuntimeException {          UNCHECKED
                                        EXCEPTION
    public SaldoInsuficienteException() {
        super();
    }

    public SaldoInsuficienteException(String message) {
        super(message);
    }
}
```

```
public class SaldoInsuficienteException
    extends Exception {                 CHECKED
                                        EXCEPTION
    public SaldoInsuficienteException() {
        super();
    }

    public SaldoInsuficienteException(String message) {
        super(message);
    }
}
```

A diferença entre os dois tipos de *Exception* será detalhada ainda neste capítulo.

1.1 Lidando com Checked Exceptions

Tomando como base a versão de SaldoInsuficienteExcep-tion que é Checked Exception (subclasse de Exception), abaixo detalhamos como lançar e tratar uma Checked Exception.

Passo 2: Lançar a Checked Exception

Apresentamos abaixo uma nova versão do método sacar que, lança a referida Exception quando o saldo é insuficiente para o saque.

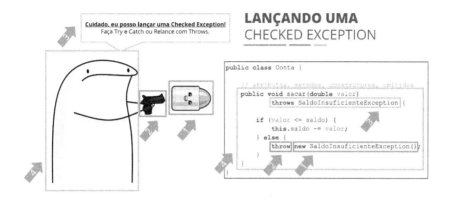

LANÇANDO UMA
CHECKED EXCEPTION

Cuidado, eu posso lançar uma Checked Exception!
Faça Try e Catch ou Relance com Throws.

```
public class Conta {

    // atributos, métodos, construtores, emitidos
    public void sacar(double valor)
                throws SaldoInsuficienteException {

        if (valor <= saldo) {
            this.saldo -= valor;
        } else {
            throw new SaldoInsuficienteException();
        }
    }
}
```

O que gostaria que você tivesse em sua mente sempre que for criar um método como o sacar que, em dada situação pode lançar uma Checked Exception é a do Flork com uma arma na mão, dizendo que pode (não quer dizer que vai) atirar uma Checked Exception.

A bala, propriamente dita, é a instância da Checked Exception, conforme indicado na seta 1. A instrução **throw** é a que atira, ou seja, a pistola, conforme indicado na seta 2. Devido ao fato de ser uma Checked Exception, precisamos avisar ao método que vai chamar da possibilidade de ele receber uma bala (instância de uma Checked Excepton). Isto é feito, conforme indicado na seta 3, através da instrução **throws NomeDaClasseDaCheckedException**. Por fim, na seta 4, tudo acontece dentro de um método, ou seja, feito pelo Flork.

Perceba que, para lançar/atirar uma Checked Exception, usamos o throw (sem o s), enquanto que, para avisar da Checked Exception usamos o throws (com s).

Passo 3: Chamando um Método que Pode Lançar uma Checked Exception

Para chamar um método que eventualmente lança uma Checked Exception, temos duas opções:

a) Tratar usando Try e Catch
b) Relançar usando Throws

Ambas as opções são apresentadas abaixo e detalhadas a seguir.

CHAMANDO UM MÉTODO
COM CHECKED EXCEPTION

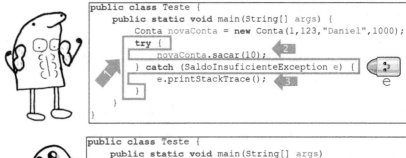

```
public class Teste {
    public static void main(String[] args) {
        Conta novaConta = new Conta(1,123,"Daniel",1000);
        try {
            novaConta.sacar(10);
        } catch (SaldoInsuficienteException e) {
            e.printStackTrace();
        }
    }
}
```

```
public class Teste {
    public static void main(String[] args)
            throws SaldoInsuficienteException {
        Conta novaConta = new Conta(1,123,"Daniel",1000);
        novaConta.sacar(10);
    }
}
```

A primeira opção, na parte superior da imagem, chamamos o método sacar. Note que, **como optamos por tratar a Exception, temos que envolver o código que pode lançar uma Exception com o try e catch**. Entre o try e o catch, indicado na seta 2, devemos informar o código passível de lançar Exception, neste caso, a chamada ao método sacar. Dentro do catch, indicado na seta 3, temos o código que lida com a Exception.

Neste exemplo, chamamos `e.printStackTrace();`. O método *printStackTrace* é um método herdado de uma superclasse, na qual exibe detalhes como o nome da classe e o número da linha onde a *Exception* ocorreu.

O funcionamento do try e catch é apresentado a seguir. À esquerda, temos uma situação em que, dentro do try, o código não lança nenhuma Exception. Desta maneira, note que, o block catch é ignorado e seguimos a execução das próximas linhas. Por outro lado, à direita, situação em que uma Exception é lançada dentro do try, o block catch é executado e, logo depois seguimos a execução das próximas linhas.

FUNCIONAMENTO DO
TRY E CATCH

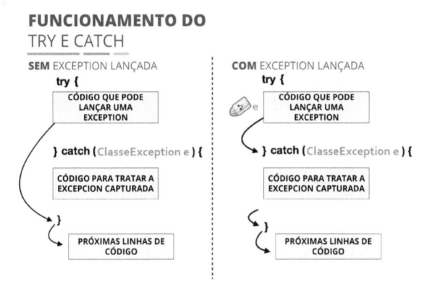

Existe uma instrução opcional intitulada finally, associada ao try/catch, cujo funcionamento é relacionado a seguir. O finally é chamado independentemente de ter sido lançada uma Exception ou não, geralmente usado para liberar algum recurso usado dentro do trecho try. Um exemplo do finally é quando, dentro do try criamos e usamos uma conexão com o banco de dados e, podemos usar o finally para encerrar a conexão.

FUNCIONAMENTO DO
TRY, CATCH E FINALLY

Anteriormente, no último exemplo, sugerimos encerrar uma conexão aberta (e usada) dentro do try em um finally. Entretanto, podemos também encerrar a conexão nas próximas linhas de código (fora do try, catch e finally), que o funcionamento é o mesmo. As duas opções são apresentadas a seguir. Entretanto, uma vez que as duas opções funcionam, qual a melhor opção?

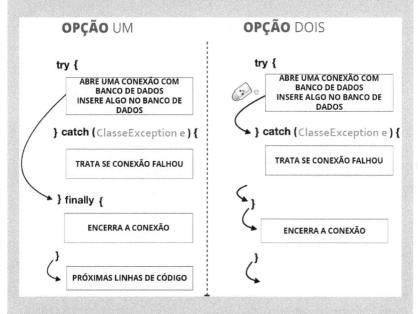

OPÇÃO UM

```
try {
    ABRE UMA CONEXÃO COM
    BANCO DE DADOS
    INSERE ALGO NO BANCO DE
    DADOS
} catch ( ClasseException e ) {
    TRATA SE CONEXÃO FALHOU
} finally {
    ENCERRA A CONEXÃO
}
    PRÓXIMAS LINHAS DE CÓDIGO
```

OPÇÃO DOIS

```
try {
    ABRE UMA CONEXÃO COM
    BANCO DE DADOS
    INSERE ALGO NO BANCO DE
    DADOS
} catch ( ClasseException e ) {
    TRATA SE CONEXÃO FALHOU
}
    ENCERRA A CONEXÃO
```

Continua sendo a opção 1, pois a semântica do finally é encerrar ações ocorridas dentro do try, como neste caso, liberar recursos (conexão com o banco de dados).

Agora que sabemos usar as *Checked Exceptions*, vamos executar o código de forma que a SaldoInsuficienteException seja lançada. Basta apenas sacar um valor alto ☺ Note que, o método

```
e.printStackTrace();
```

exibe todo o detalhe da Exception. Para que saibamos interpretar o resultado deste método, que chamamos de Stacktrace, veja os detalhes na imagem a seguir.

ENTENDENDO A
STACKTRACE

🔲 Problems @ Javadoc 🔲 Declaration 🔲 Console × 🗐 Tasks
<terminated> Teste [Java Application] C:\Tools\eclipse\plugins\org.eclipse.justj.oper

```
SaldoInsuficienteException
        at Conta.sacar(Conta.java:22)
        at Teste.main(Teste.java:6)
```

① ORIGEM: Indica a classe e o número da linha que culminou na SaldoInsuficienteException.

② LOCAL DO "TIRO": Indica a classe e o número da linha que lançou com throw a SaldoInsuficienteException.

③ EXCEPTION LANÇADA: Neste exemplo foi lançada a SaldoInsuficienteException.

```
 2 public class Teste {
 3     public static void main(String
 4         Conta novaConta = new Conta
 5         try {
 6             novaConta.sacar(10000);
    public void sacar(double valor) throws SaldoInsu
 
19     if (valor <= saldo) {
20         this.saldo -= valor;
21     } else {
22         throw new SaldoInsuficienteException();
23     }
24 }
```

1.2 Lidando com Unchecked Exceptions

Tomando como base a versão de SaldoInsuficienteException que é Unchecked Exception (subclasse de RuntimeException), abaixo detalhamos como lançar e tratar uma Unchecked Exception.

Passo 2: Lançar a Unchecked Exception

Apresentamos a seguir uma nova versão do método sacar que, lança a referida RuntimeException quando o saldo é insuficiente para o saque.

LANÇANDO UMA
UNCHECKED EXCEPTION

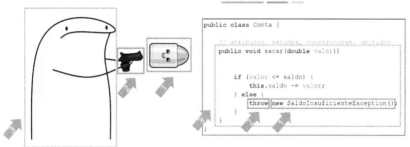

```
public class Conta {

    // atributos, metodos, construtores, omitidos
    public void sacar(double valor){


        if (valor <= saldo) {
            this.saldo -= valor;
        } else {
            throw new SaldoInsuficienteException();
        }
    }
}
```

A bala é uma instância da Checked Exception, conforme indicado na seta 1. A instrução **throw** é a que atira, ou seja, a pistola, conforme indicado na seta 2. Devido ao fato de ser uma Unchecked Exception, NÃO precisamos avisar ao método que vai chamar da possibilidade de ele receber uma bala (instância de uma Unchecked Excepton), que era feito com throws. Por fim, na seta 3, tudo acontece dentro de um método, ou seja, feito pelo Flork.

Passo 3: Chamando um Método que Pode Lançar uma Unchecked Exception

Para chamar um método que eventualmente lança uma Unchecked Exception não somos obrigados a tratar usando Try e Catch nem como relançar usando Throws, conforme apresentado a seguir. No primeiro exemplo, que não usamos try/catch, caso seja lançada uma Unchecked Exception, esta "vai cair na cara do usuário", pois não teve tratamento, diferente do segundo exemplo que, apesar de ser Unchecked, pode ocorrer algum tratamento dentro do catch.

CHAMANDO UM MÉTODO
COM UNCHECKED EXCEPTION

```java
public class Teste {
    public static void main(String[] args) {
        Conta novaConta = new Conta(1, 123, "Daniel", 1000);
        novaConta.sacar(10);
    }
}
```

```java
public class Teste {
    public static void main(String[] args) {
        Conta novaConta = new Conta(1,123,"Daniel",1000);
        try {
            novaConta.sacar(10);
        } catch (SaldoInsuficienteException e) {
            e.printStackTrace();
        }
    }
}
```

**TRATAMENTO COM TRY/CATCH OPCIONAL
PARA UNCHECKED EXCEPTION**

Checked vs. Unchecked

Agora que sabemos o funcionamento de *Checked* e *Unchecked Exceptions*, vamos entender quando uma Exception deve ser de um tipo ou de outro.

Checked Exceptions, como vimos, exige que, quem chame um método que eventualmente lance uma Exception deste tipo, trate com try/catch ou relance com throws. Isto é o caso de ValorInvalidoException, SaldoInsuficienteException, entre outras, na qual dentro do bloco catch podemos fazer algum tratamento como informar que o valor está inválido e solicitar que digite novamente (no caso de ValorInvalidoException) e informar o saldo disponível para saque (no caso de SaldoInsuficienteException).

Unchecked Exceptions, não exige nenhum tratamento e é o caso de situações inerparadas em que a situação excepcional ocorre e não pode ser tratado, como é o caso do NullPointerException inesperado. Isto é o caso de NullPointerException, ConexaoBancoDadosInvalidaException, entre outros.

1.3 Trabalhando com Vários Catch

Nos exemplos nas seções anteriores, apresentamos sempre um try associado a um único catch. Entretanto, é possível termos vários blocos catch seguidos, cada um tratando um tipo específico de *Exception*.

A seguir, temos um exemplo de múltiplos catch. Se o código dentro do try lançar uma ArrayIndexOutOfBounds, será executado o bloco indicado na seta 1. Caso seja lançada uma ArithmethicException, será executado o bloco indicado na seta 2. Por fim, se for lançada alguma Exception que não seja nenhuma das duas supracitadas, o bloco indicado na seta 3 será executado.

MÚLTIPLOS
CATCH

```java
public class TesteException {
    public static void main(String[] args) {

        try {
            int[] numeros = { 1, 2, 3 };
            System.out.println(numeros[5]);
            // Tentando acessar um indice inválido
            //Lança ArrayIndexOutOfBoundsException
        } catch (ArrayIndexOutOfBoundsException ex) {
            // Tratamento especifico para a exceção ArrayIndexOutOfBoundsException
            ex.printStackTrace();
        } catch (ArithmeticException ex) {
            // Tratamento especifico para a exceção ArithmeticException
            ex.printStackTrace();
        } catch (Exception ex) {
            // Tratamento genérico para qualquer outra exceção que possa ocorrer
            System.out.println("Ocorreu uma exceção: " + ex.getMessage());
        }
    }
}
```

1 ArrayIndexOutOfBoundsException:
Catch específico para tratamento desta Exception.

2 ArithmeticException:
Catch específico para tratamento desta Exception.

3 Catch Genérico:
Senão for lançada outra *Exception* que não seja ArrayIndexOutOfBounds (catch da seta 1) nem ArithmeticException (catch da seta 2), vai cair neste Catch genérico.

À esquerda da imagem da página anterior, note que, coloca-mos algumas luvas. A luva de beisebol (ao lado da seta 3), repre-senta o catch genérico, que trata todas as Exceptions. Se você trocar os blocos das setas 1 e 3 de ordem, teremos um erro de compilação. Deve-se ao fato que, se o catch genérico é o primeiro da ordem, os *catchs* abaixo nunca seriam chamados. Esta situa-ção (com o respectivo erro de compilação) está apresentada na imagem a seguir.

```java
public class TesteException {
    public static void main(String[] args) {

        try {
            int[] numeros = { 1, 2, 3 };
            System.out.println(numeros[5]);
            // Tentando acessar um índice inválido
            // Lança ArrayIndexOutOfBoundsException

        } catch (Exception ex) {
            // Tratamento genérico para qualquer outra exceção que possa ocorrer
            System.out.println("Ocorreu uma exceção: " + ex.getMessage());
        } catch (ArrayIndexOutOfBoundsException ex) {
            // Tr
            ex.pr
        } catch (
            // Tr
            ex.pr
        }
    }
}
```

Unreachable catch block for ArrayIndexOutOfBoundsException. It is already handled by 1

2 quick fixes available:

Remove catch clause

Replace catch clause with throws

Uma outra possibilidade é termos apenas um *catch*, o *catch* genérico, como apresentado na imagem a seguir. Esta aborda-gem funciona se, você quiser tratar todas as *Exceptions* da mesma maneira, o que nem sempre acontece. A maneira apresentada no início da seção 1.3 permite fazer o tratamento específico das Exceptions ArrayIndexOutOfBounds e ArithmethicException e, caso outras Exceptions não previstas sejam lançadas, é tratada, ao fim, no *catch* genérico.

```
public class TesteException {
    public static void main(String[] args) {

        try {
            int[] numeros = { 1, 2, 3 };
            System.out.println(numeros[5]);
            // Tentando acessar um indice invalido
            // Lança ArrayIndexOutOfBoundsException

        } catch (Exception ex) {
            // Tratamento genérico para qualquer outra exceção que possa ocorrer
            System.out.println("Ocorreu uma exceção: " + ex.getMessage());
        }

    }
}
```

A partir do Java 7, ao invés de termos diversos blocos *catch*, como apresentamos anteriormente, podemos reuni-los em bloco catch com uso do operador ou ("|", o pipe). Os exemplos anteriores podem ser simplificados da maneira apresentada a seguir.

MULTI CATCH NO JAVA 7+

```
 1  public class TesteException {
 2
 3      public static void main(String[] args) {
 4
 5          try {
 6              System.out.println(10 / 0);
 7          } catch (ArithmeticException | IllegalArgumentException | ArrayIndexOutOfBoundsException e) {
 8              System.out.println("Mensagem: " + e.getMessage());
 9          }
10      }
11  }
```

2. Try with Resources (Java 7)

A classe PrintWriter (desde o Java 7) imprime representações formatadas de objetos em um fluxo de saída. Nos exemplos a seguir, mostramos como salvar o texto Daniel Abella no arquivo teste.txt.

Na opção 1, na linha 8, criamos o nosso PrintWriter, informando o nome do arquivo teste.txt, no construtor. Na linha seguinte, chamamos o método write para salvar o texto "Daniel Abella" no arquivo. **Quando terminarmos de manipular um arquivo, para melhor gestão dos recursos, recomenda-se**

chamar o método close, que ocorre dentro do catch na linha 10. O outro código, na opção 2, é o mesmo código, porém a chamada ao método close ocorre no bloco finally.

SALVANDO EM ARQUIVOS COM PRINTWRITER

OPÇÃO 1 SEM FINALLY

```java
1  import java.io.PrintWriter;
2
3  public class TesteException {
4      public static void main(String[] args) {
5
6          try {
7              String nome = "Daniel Abella";
8              PrintWriter writer = new PrintWriter("teste.txt");
9              writer.write(nome);
10             writer.close();
11         } catch (Exception e) {
12             e.printStackTrace();
13         }
14     }
15 }
```

OPÇÃO 2 COM FINALLY

```java
1  import java.io.PrintWriter;
2
3  public class TesteException {
4
5      public static void main(String[] args) {
6          PrintWriter writer = null;
7          try {
8              String nome = "Daniel Abella";
9              writer = new PrintWriter("teste.txt");
10             writer.write(nome);
11         } catch (Exception e) {
12             e.printStackTrace();
13         } finally {
14             writer.close();
15         }
16     }
17 }
```

Independente da opção (*prefiro a opção 2*), um cenário possível é o <u>esquecimento de chamar o método close</u>, que como informado antes, é necessário para melhor gestão dos recursos. É neste tipo de situação em que o *try-with-resources* é útil. A seguir apresentamos a sua estrutura

TRY-WITH-RESOURCES (JAVA 7+)

```
try ( declaração dos recursos ) {
    USO DOS RECURSOS
    USO DOS RECURSOS

}
```

```
try ( declaração dos recursos ) {
    USO DOS RECURSOS
    USO DOS RECURSOS

} catch ( MinhaException e ) {
    TRATAMENTO DA EXCEPTION
} finally {
    BLOCO RELACIONADO AO FINNALY
}
```

Entre os parênteses do *try*, colocamos os recursos que precisam ser encerrados (chamar o método close) após o uso. Com base no nosso último exemplo, estamos nos referindo ao PrintWriter. Entre as primeiras chaves, colocamos o código que faz uso dos recursos. Ainda com base no nosso exemplo, estamos nos referindo ao método *write*. Opcionalmente, podemos colocar quantos blocos *catch* forem necessários e, ao fim, encerrar com um bloco *finally*.

Apresentamos a seguir, o código anterior totalmente reformulado com uso do *try-with-resources*. Uma pergunta que pode surgir: "Cadê a chamada ao método close?". Não precisa, usando este novo recurso introduzido no Java 7, <u>assim que terminar o uso dos recursos dentro das chaves do try</u>, **o close é chamado automaticamente**, sem chance para esquecimentos!

```
1  import java.io.PrintWriter;
2
3  public class TesteException {
4
5      public static void main(String[] args) {
6
7          try (PrintWriter pw = new PrintWriter ("teste.txt")) {
8              pw.println ("teste");
9          } catch (Exception e) {
10             e.printStackTrace();
11         }
12     }
13 }
```

Para que a classe tenha essa aptidão de, ao terminar o uso, chamar o método _close_, como aconteceu em PrintWriter, esta classe precisa implementar a interface AutoClosable (do pacote java.lag) ou Closable (do pacote java.io). Ambas as interfaces definem o método close, que é chamado quando um recurso precisa ser fechado.

3. Boas Práticas em Tratamento de Exceptions

Existem diversas boas práticas relacionadas ao Tratamento de Exceptions, entretanto relaciono a seguir algumas práticas importantes.

Boas Práticas com Exceptions

DANIEL ABELLA
www.daniel-abella.com

1. Ao usar recursos (como Conexões com Banco de Dados, PrintWriter, entre outros), encerre-os adequadamente ou use a instrução try-with-resource

2. Prefira Exceptions Específicas (como SaldoInsuficienteException) ao invés de Genéricas (Exception)

3. Coloque o catch de Exception mais específica primeiro

4. Crie o JavaDOC das Exceptions que você criou

5. Nunca faça um bloco catch para classe Throwable

6. Nunca lance uma Exception do bloco finally

7. Log a Exception ou Lance com Throw, mas nunca ambos

Caso tenha interesse em conhecer mais detalhes das outras boas práticas, relaciono a seguir materiais complementar:

https://stackify.com/best-practices-exceptions-java/

https://www.javacodegeeks.com/10-best-practices-to-handle-java-exceptions.html

https://howtodoinjava.com/best-practices/java-exception-handling-best-practices/

Como assunto complementar após a leitura do livro na íntegra, é a do uso de Exceptions beneficiando-se de Streams (Java 8). Segue os links:
https://dzone.com/articles/exception-handling-in-java-streams
https://medium.com/swlh/exception-handling-in-java-streams-
-5947e48f671c
http://rdrblog.com.br/java/tratamento-de-excecoes-em-java-streams/

4. Criando a 3ª Versão do AbellaBank

Aprendemos muitos conceitos e agora é hora de praticar! No **vídeo JAVA22**⬚ apresentamos na prática a criação do projeto AbellaBank, adicionando tratamento de *Exceptions* à segunda versão.

Capítulo 8

Recomendações Para Este Capítulo

Para melhor aproveitamento deste capítulo, assista ao **vídeo JAVA23**□ **antes da leitura** para facilitar a compreensão dos assuntos que serão apresentados neste capítulo. Durante a leitura, siga o seu **plano de estudos**, **beba bastante água** e tenha em mãos o **guia de referência rápida** referente ao capítulo (arquivo **JAVA24**).

1. Introdução

Nos capítulos anteriores, apresentamos os conhecimentos essenciais no desenvolvimento com Java. Neste capítulo, apresentamos itens extras que potencializam ainda mais o seu conhecimento nesta nova linguagem.

2. Estrutura de Decisão Switch

Nos capítulos anteriores aprendemos diversas estruturas. A primeira delas, a if (acompanhadas dos opcionais else if e else), é a estrutura de controle mais básica, porém essencial, permitindo tomar decisões com base em condições boolean (true ou false).

A seguir, apresentamos as estruturas de repetição em Java, mais especificamente for, do-while e while, que são usados para executar um bloco de código repetidamente, enquanto uma condição é verdadeira (while) ou para iterar sobre elementos em uma coleção (for). O do-while, em contrapartida, é semelhante ao while, mas garante que o bloco de código seja executado pelo menos uma vez antes de verificar a condição.

Imagine que tenhamos uma aplicação que, o usuário informa um número e apresentamos o dia correspondente. No Brasil, Portugal, Japão, Inglaterra, Estados Unidos entre outros países, o domingo é considerado o primeiro dia da semana. Desta maneira, caso o usuário informe o número 1, o sistema deve apresentar Domingo, enquanto que, para o número 2, informar Segunda e assim sucessivamente. O código referente a este cenário é apresentado a seguir.

```java
 1 public class SwitchExemplo1 {
 2
 3     public static void main(String[] args) {
 4
 5         int diaDaSemana = 3;
 6         String nomeDoDia;
 7
 8         if (diaDaSemana == 1) {
 9             nomeDoDia = "Domingo";
10         } else if (diaDaSemana == 2) {
11             nomeDoDia = "Segunda";
12         } else if (diaDaSemana == 3) {
13             nomeDoDia = "Terça";
14         } else if (diaDaSemana == 4) {
15             nomeDoDia = "Quarta";
16         } else if (diaDaSemana == 5) {
17             nomeDoDia = "Quinta";
18         } else if (diaDaSemana == 6) {
19             nomeDoDia = "Sexta ";
20         } else if (diaDaSemana == 7) {
21             nomeDoDia = "Sábado";
22         } else {
23             nomeDoDia = "Dia inválido";
24         }
25
26         System.out.println("Hoje é " + nomeDoDia);
27     }
28 }
```

Note que, para desenvolver a aplicação da página anterior, precisamos fazer uma sequência de vários *else-if* encadeados. São em cenários como este em que o switch pode ser aplicado, como veremos ainda nesta seção.

O switch possui a seguinte estrutura. Entre os parênteses do switch, informamos uma expressão a ser avaliada, podendo ser do tipo int, char, enum ou String (a partir do Java 7).

Em cada um dos case, são os valores que você quer comparar com base na expressão, onde se a expressão for igual a um dos valores, o bloco de código abaixo a esse caso será executado até que encontre a instrução break, que encerra a execução, fazendo com que a execução siga nas linhas após o switch.

SWITCH COM JAVA (ANTERIORES AO 12)

```
SWITCH (EXPRESSAO) {

    CASE VALOR1:
```
BLOCO DE CÓDIGO A SER EXECUTADO
QUANDO A EXPRESSÃO É IGUAL A VALOR1
```
    BREAK;

    CASE VALOR2:
```
BLOCO DE CÓDIGO A SER EXECUTADO
QUANDO A EXPRESSÃO É IGUAL A VALOR2
```
    BREAK;

DEFAULT:
```
BLOCO DE CÓDIGO A SER EXECUTADO SE
NENHUM DOS CASES FOR IGUAL À EXPRESSÃO
```
    BREAK;
}
```

A seguir, temos a conversão do exemplo anterior (tradução de número para dia da semana) usando ifs (com else if e else) para uso com switch.

```java
public class SwitchExemplo1 {
    public static void main(String[] args) {

        int diaDaSemana = 3;
        String nomeDoDia;

        switch (diaDaSemana) {
            case 1:
                nomeDoDia = "Domingo";
                break;
            case 2:
                nomeDoDia = "Segunda-feira";
                break;
            case 3:
                nomeDoDia = "Terça-feira";
                break;
            case 4:
                nomeDoDia = "Quarta-feira";
                break;
            case 5:
                nomeDoDia = "Quinta-feira";
                break;
            case 6:
                nomeDoDia = "Sexta-feira";
                break;
            case 7:
                nomeDoDia = "Sábado";
                break;
            default:
                nomeDoDia = "Dia inválido";
                break;
        }
        System.out.println("Hoje é " + nomeDoDia);
    }
}
```

Nos Java 12 e 13, tivemos a apresentação e posterior amadurecimento do Switch Expression, que se beneficia da nova sintaxe ->, permitindo que você elimine instruções break repetitivas e manipule vários cases em um único bloco. A seguir temos o nosso exemplo com Switch Expression.

SWITCH LABELED
EXPRESSION (JAVA 12+)

```java
public class SwitchExemplo1 {
    public static void main(String[] args) {

        int diaDaSemana = 3;
        String nomeDoDia = switch (diaDaSemana) {
            case 1 -> "Domingo";
            case 2 -> "Segunda";
            case 3 -> "Terça";
            case 4 -> "Quarta";
            case 5 -> "Quinta";
            case 6 -> "Sexta";
            case 7 -> "Sábado";
            default -> "Dia inválido";
        };

        System.out.println("Hoje é " + nomeDoDia);
    }
}
```

Vários Valores por Case

De modo a simplificar a criação de um Switch, a partir do Java 12, podemos ter vários valores para um dado case, podendo simplificar o switch. Abaixo temos um exemplo no switch, digamos, antigo.

```java
int diaDaSemana = 3;
String nomeDoDia;

switch (diaDaSemana) {
    case 1,7:
        nomeDoDia = "Fim de Semana";
        break;
    case 2,3,4,5,6:
        nomeDoDia = "Dia Útil";
        break;
    default:
        nomeDoDia = "Dia inválido";
        break;
}
```

Como podemos verificar, o Switch Expression pode ser mais de 1 valor por case.

```
int diaDaSemana = 3;
String nomeDoDia = switch (diaDaSemana) {
    case 2,3,4,5,6 -> "Dia de Semana";
    case 1,7 -> "Fim de Semana";
    default -> "Dia inválido";
};
```

2. Equals, HashCode e toString

A classe Object é a superclasse de todo mundo, diretamente ou indiretamente. Dentro desta classe, temos métodos importantes como equals, hashCode e toString, discutidos nesta seção.

2.1 Comparando com Operador ==

Nos capítulos anteriores, apresentamos que, o **operador == pode ser usado para comparar**, por exemplo, números. Entretanto, saiba que, erroneamente, também pode ser usado para comparar objetos.

Entre as linhas 18 e 20, comparamos duas variáveis int, cuja condição *var1 == var2* é verdadeira. **O operador == com variáveis primitivas avalia o conteúdo.**

Com relação ao código entre as linhas 22 e 34, precisamos relembrar que, quando criamos uma variável, esta é alocada em uma posição na memória, de modo que, as <u>variáveis pessoa1 e pessoa2, apesar de terem o mesmo conteúdo, estão em posição de memória diferentes</u>. Quando ocorre a comparação entre pessoa1 == pessoa2, o resultado será falso, uma vez que, a **comparação entre objetos, avalia se estes estão na mesma posição da memória**, o que neste caso é falso.

```
1  class Pessoa {
2      private String nome;
3      private int idade;
4
5      public Pessoa(String nome, int idade) {
6          this.nome = nome;
7          this.idade = idade;
8      }
9      // Getters e Setters
10 }
11
12 public class ExemploSemEquals {
13
14     public static void main(String[] args) {
15         int var1 = 10;
16         int var2 = 10;
17
18         if(var1 == var2) {
19             System.out.println("Iguais");
20         }
21
22         Pessoa pessoa1 = new Pessoa("Joao", 25);
23         Pessoa pessoa2 = new Pessoa("Joao", 25);
24
25         // Compara duas referecias de objetos,
26         //nao o conteudo dos objetos em si
27         if(pessoa1 == pessoa2) {
28             System.out.println("Iguais!");
29         }
30
31         Pessoa pessoa3 = pessoa1;
32         if(pessoa1 == pessoa3) {
33             System.out.println("Iguais!!");
34         }
35     }
36 }
```

Sabendo-se desta informação, a avaliação pessoa1 == pessoa3, será verdadeiro, uma vez que, conforme a linha 31, pessoa3 e pessoa1, apontam para o mesmo objeto da memória, ou seja, para a mesma posição da memória.

Em resumo, **use o operador == para comparar tipos primitivos ou para verificar se dois objetos estão no mesmo lugar da memória**. Para comparar o conteúdo de dois objetos, usaremos o equals, assunto a seção seguinte.

2.2 Usando Equals

Como informado no início do capítulo, a classe Object possui diversos métodos como o equals. E, no exemplo a seguir, a classe Pessoa, subclasse de Object, herda este referido método. Entretanto, a comparação pessoa1.equals(pessoa2) resultará em false, pois, **a implementação padrão do equals compara apenas as referências dos objetos e não o conteúdo real dos atributos**.

```java
1  class Pessoa {
2      private String nome;
3      private int idade;
4      private String cpf;
5
6      public Pessoa(String nome, int idade, String cpf) {
7          this.nome = nome;
8          this.idade = idade;
9          this.cpf = cpf;
10     }
11     // Getters e Setters
12 }
13
14 public class ExemploSemEquals {
15
16     public static void main(String[] args) {
17         Pessoa pessoa1 = new Pessoa("João", 25, "123");
18         Pessoa pessoa2 = new Pessoa("João", 25, "123");
19
20         // Compara usando o método equals()
21         //(que ainda não foi implementado)
22         boolean saoIguais = pessoa1.equals(pessoa2);
23         System.out.println("Compara usando equals() "
24                 + "sem implementação: " + saoIguais);
25     }
26 }
```

**Para que a comparação equals, avalie os atributos, pre-
cisamos sobrescrever (override) do método equals** da classe
Pessoa, como veremos a seguir. O método equals apresentado
apenas considera o CPF como critério de comparação, ou seja, se
tivermos pessoas com o mesmo CPF, o *equals* dará verdadeiro.
Complementarmente, se tivermos duas pessoas com mesmo
nome e idade, porém com CPF diferente, o *equals* dará falso, pois
podemos ter dois João com 25 anos, porém com CPF distintos.

```java
import java.util.Objects;

class Pessoa {
    private String nome;
    private int idade;
    private String cpf;

    public Pessoa(String nome, int idade, String cpf) {
        this.nome = nome;
        this.idade = idade;
        this.cpf = cpf;
    }

    // Getters e Setters omitidos!

    @Override
    public boolean equals(Object obj) {
        if (obj instanceof Pessoa) {
            Pessoa qualquer = (Pessoa) obj;
            return this.cpf.equals(qualquer.getCpf());
        }else {
            return false;
        }
    }
}

public class ExemploComEquals {

    public static void main(String[] args) {
        Pessoa pessoa1 = new Pessoa("Joao 1", 25, "124.1");
        Pessoa pessoa2 = new Pessoa("Joao 2", 25, "124.1");

        if(pessoa1.equals(pessoa2)) {
            System.out.println("Iguais!");
        }
    }
}
```

Atualmente, existem diversas maneiras de gerar os métodos equals e hash-Code. Usando a IDE Eclipse, basta fazer o atalho `Alt + Shift + S` (S de *Source Code*, Código Fonte), selecionar a opção Generate hashCode() and equals(). E, na tela apresentada, selecione as variáveis que serão usadas como critérios de comparação no equals. No nosso exemplo da página anterior, selecionamos apenas a variável CPF.

Na IDE IntelliJ Idea, devemos seguir o atalho `Alt + Insert` e depois eleger a opção `equals() and hashCode()` e seguir os passos indicados. Note que, assim como no Eclipse, precisamos indicar que campos serão usados como critério de comparação. Novamente, apenas o CPF.

Ah, se você quiser gerar sem uso da IDE, você pode usar a biblioteca Lombok, discutida no capítulo referente a IDE Eclipse.

2.3 Método hashCode

No ensino médio, um dos assuntos da matemática era o de conjuntos. Pois bem, eles voltaram por uma boa causa.

Conjuntos (em inglês, _Set_) era uma estrutura que, armazena grupos elementos como um ArrayList, porém não aceita elementos iguais (segundo o hashCode) e não tem ordem de inserção.

Assim como o *equals*, o **hashCode é um método oriundo da classe Object, tendo como responsabilidade, gerar um código hash baseado nas propriedades relevantes usadas no método equals()**.

No exemplo a seguir, usamos **uma Collection chamada HashSet, que é um conjunto que usa o hashCode como forma de comparação**. Inesperadamente, na linha 38, mostrará que o HashSet possui 2 elementos. Isto se deve ao fato que, não temos o hashCode e equals implementados!

```java
1  import java.util.HashSet;
2
3  class Pessoa {
4      private String nome;
5      private int idade;
6      private String cpf;
7
8      public Pessoa(String nome, int idade, String cpf) {
9          this.nome = nome;
10         this.idade = idade;
11         this.cpf = cpf;
12     }
13
14     // Getters e Setters omitidos
15
16     @Override
17     public boolean equals(Object obj) {
18         if (obj instanceof Pessoa) {
19             Pessoa qualquer = (Pessoa) obj;
20             return this.cpf.equals(qualquer.getCpf());
21         }else {
22             return false;
23         }
24     }
25 }
26
27 public class ExemploComEquals {
28
29     public static void main(String[] args) {
30
31         Pessoa pessoa1 = new Pessoa("Joao", 25,"123");
32         Pessoa pessoa2 = new Pessoa("Joao", 25,"123");
33
34         HashSet<Pessoa> pessoas = new HashSet<>();
35         pessoas.add(pessoa1);
36         pessoas.add(pessoa2);
37
38         System.out.println("Tamanho do HashSet: " + pessoas.size());
39     }
40 }
41 }
```

Agora, no exemplo abaixo, devido à implementação do hashCode e equals, o HashSet detectará que são elementos com mesmo conteúdo e não adicionará a pessoa2 ao conjunto.

```java
import java.util.HashSet;
import java.util.Objects;

class Pessoa {
    private String nome;
    private int idade;
    private String cpf;

    public Pessoa(String nome, int idade, String cpf) {
        this.nome = nome;
        this.idade = idade;
        this.cpf = cpf;
    }

    // Getters e Setters omitidos

    @Override
    public int hashCode() {
        return Objects.hash(nome, idade);
    }

    @Override
    public boolean equals(Object obj) {
        if (obj instanceof Pessoa) {
            Pessoa qualquer = (Pessoa) obj;
            return this.cpf.equals(qualquer.getCpf());
        } else {
            return false;
        }
    }
}

public class ExemploComEquals {

    public static void main(String[] args) {

        Pessoa pessoa1 = new Pessoa("Joao", 25,"123");
        Pessoa pessoa2 = new Pessoa("Joao", 25,"123");

        HashSet<Pessoa> pessoas = new HashSet<>();
        pessoas.add(pessoa1);
        pessoas.add(pessoa2);

        System.out.println("Tamanho do HashSet: " + pessoas.size());
    }
}
```

3. Métodos Úteis da Classe String

Nos capítulos anteriores, usamos brevemente a classe String, entretanto, esta merecia um capítulo ou ao menos uma subseção dedicada.

Em uma breve apresentação, String é a classe Java que representa uma sequência de caracteres, podendo ter suas formas de criação: usando um elemento literal, bem como usando o operador *new*.

```
//usando String literal
String minhaString1 = "Daniel Abella";

//usando o new
String minhaString2 = new String("Daniel Abella");
```

Um fato comum é dizer que a classe String é imutável, entretanto, muitos não sabem nem o significado desta palavra. Um objeto é imutável quando não tem métodos que permitem a sua alteração. A propósito, se eu tivesse criado esta palavra, a chamaria de imudável. Com base no código a seguir, se você executar o código a esquerda, perceberá que a variável nome continuará sendo Daniel, devido ao fato que, concat gerou uma nova String ("Daniel Abella") que não foi atribuída à nenhuma variável. Complementarmente, o código à direita, atribuiu esta nova String à variável que antes tinha "Daniel". Note que, em nenhum momento a String "Daniel" foi alterada para "Daniel Abella".

```
String minhaString1 = "Daniel";
minhaString1.concat(" Abella");
System.out.println(minhaString1);
//imprime "Daniel"
```

```
String minhaString1 = "Daniel";
minhaString1 = minhaString1.concat(" Abella");
System.out.println(minhaString1);
//imprime "Daniel Abella"
```

No arquivo **JAVA25** ❖ temos a lista dos principais métodos usando a classe String.

Em Java, sempre que precisávamos criar uma String com várias linhas, era muito chato, tendo a necessidade de incluir, por exemplo, \n para quebra de linha. Na versão 13 da linguagem, foi adicionada uma nova maneira de tratar multilinhas, intitulada *text blocks*.

Um *text block* deve começar com três aspas duplas seguido de um espaço em branco opcional e uma nova linha. Complementarmente, é encerrado com três aspas duplas. Abaixo temos um bom comparativo.

```
String stringAntesJava13 = "<html> \n" +
    " <body> \n" +
    " <p>Olá, mundo! </p> \n" +
    " </body> \n" +
    "</html> \n";

String stringComJava13 = """
    <html>
        <body>
            <p>Olá, mundo! </p>
        </body>
    </html>
    """;
```

Como vimos anteriormente, String é imutável. Entretanto, StringBuffer e StringBuilder são mutáveis, de modo que alterações podem ser feitas como concatenação, sem necessidade de criar novas instâncias, fazendo com que seja mais rápido.

Comparando entre StringBuffer e StringBuilder, a primeira é thread safe, ou seja, pode ser usadas em ambientes de concorrência, entretanto é menos eficiente que a segunda, que por sua vez é recomendada em ambientes sem concorrência.

4. Streams e Collections

Streams foi incluído em Java na versão 8, trazendo uma nova forma de realizar operações de processamento de dados usando uma forma declarativa e paralela.

Esta nova funcionalidade permite uma manipulação de coleções de dados de forma mais declarativa e concisa, evitando a necessidade de loops explícitos, suportando operações em cadeia, facilitando o encadeamento de múltiplas operações em uma única linha de código. Além disso, Stream possibilita o processamento paralelo automático, aproveitando melhor a capacidade de processamento de CPUs com vários núcleos, resultando em um desempenho aprimorado para tarefas que envolvem grande quantidade de dados.

No recurso **JAVA26**, temos um exemplo do uso de Streams com ArrayList, incluindo as devidas explicações sobre o código.

5. Records

Atualmente, quando criamos uma classe, geralmente criamos construtores, getters, setters, hashCode, equals e toString. Esta árdua atividade pode ser facilitada com uso de uma IDE que gere todo este *boilerplate* ou ainda usando algum framework como o Lombok.

Termo *Boilerplate*

Usamos o termo *boilerplate* para que você agregue ao seu dicionário! *Boilerplate* significa seções de código que devem ser incluídas em muitos lugares com pouca ou nenhuma alteração, como *getters*, *setters*, *toString*, entre outros.

A partir do Java 17, foi introduzido o conceito de Records, que permite a criação de classes de dados imutáveis, acabando a necessidade de geração de *boilerplate*. A sua estrutura é apresentada a seguir. Note que, após o modificador de acesso, usamos a palavra-chave record e, entre os parênteses, definimos, separados por vírgulas os campos imutáveis que irão compor a Record.

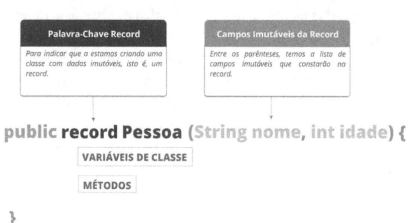

Com base neste entendimento inicial, a seguir apresentamos um exemplo prático de Record. Note que, criamos a exata record apresentada acima, enquanto que no main da classe TesteRecord, criamos uma instância pessoa da maneira tradicional, com o operador new. Entretanto, para apresentar os campos, os chamamos pelo seu nome, a exemplo da linha indicada na seta 1. Devido ao fato de serem imutáveis, os valores atribuídos via construtor nas variáveis, não podem ser modificados, como poderíamos tentar na linha indicada pela seta 2, sob pena de culminar em um erro de compilação.

RECORD JAVA

```java
public record Pessoa(String nome, int idade, String cpf) {
    // variaveis, metodos podem listar aqui
}

class UsandoRecords {
    public static void main(String[] args) {
        Pessoa pessoa1 = new Pessoa("Daniel Abella", 37,"123456");

        System.out.println(pessoa1.nome());   // Imprime: Daniel Abella
        System.out.println(pessoa1.idade());   // Imprime: 37
        System.out.println(pessoa1.idade());   // Imprime: 123456

        // Não é possivel alterar os valores dos campos de um Record,
        // pois eles são imutáveis. Veja exemplo a seguir
        // pessoa.cpf("1234567");   // Este código dá um erro de compilação
    }
}
```

7. Sealed Classes e Sealed Interfaces (Java 17)

Nos capítulos anteriores, apresentamos classes abstract como uma maneira de criar uma classe base para várias subclasses. Por outro lado, o usamos classes final quando queremos que, uma classe não possa ser estendida, isto é, não tenha subclasses. **Com Sealed Class, temos um controle maior, podendo definir quais classes podem estender sua classe**.

A seguir temos a estrutura de uma classe Sealed. Usamos antes da palavra-chave class, o termo sealed e, após o nome da classe, usamos a palavra-chave permits para indicar quais classes, separado por vírgulas, podem estender esta classe (Conta). Por fim, **se uma classe não autorizada tentar estender a Classe Sealed, ocorrerá um erro de compilação**.

```
public sealed class Conta permits ContaCorrente, ContaPoupanca{
        VARIÁVEIS DE CLASSE
        MÉTODOS
}
```

Oportunamente, **esta funcionalidade também está disponível em interfaces, quase da mesma maneira, porém delimitando quem pode implementar a interface sealed**. Da mesma maneira, se uma classe não autorizada tentar implementar uma interface Sealed, ocorrerá um erro de compilação.

```
public sealed interface Forma permits Retangulo, Quadrado {
        CORPO DA INTERFACE
}
```

Agora que apresentamos conceitualmente sealed, vamos ao exemplo a seguir. Note que, a classe Animal é sealed, delimitando que, pode ter apenas as classes Cachorro e Gato como Subclasses.

As subclasses (Cachorro e Gato) devem ter obrigatoriamente um dos 3 modificadores: final caso não queiram extensões, sealed caso queira ter o mesmo comportamento da superclasse (delimitar as suas subclasses) ou non-sealed (indicando que está aberto para extensão, isto é, subclasses).

SEALED CLASSES

```java
public sealed class Animal permits Cachorro, Gato {
    // Implementação da classe Animal
}
```

```java
public final class Cachorro extends Animal {
    // Implementação da classe Cachorro
}
```

```java
public final class Gato extends Animal {
    // Implementação da classe Gato
}
```

```java
public class ExemploSealedClass {

    public static void main(String[] args) {
        Animal animal1 = new Cachorro();
        Animal animal2 = new Gato();
        // podemos usar as variaveis animal1 e animal2
    }
}
```

Para finalizar, apenas algumas regrinhas associadas:

- Todas as subclasses permitidas devem pertencer ao mesmo módulo da classe sealed;

- Cada subclasse permitida deve estender explicitamente a classe sealed;

- Cada subclasse permitida deve definir um modificador: **final, sealed ou non-sealed**.